/ 문국 저

아이생각
www.ithinkbook.co.kr

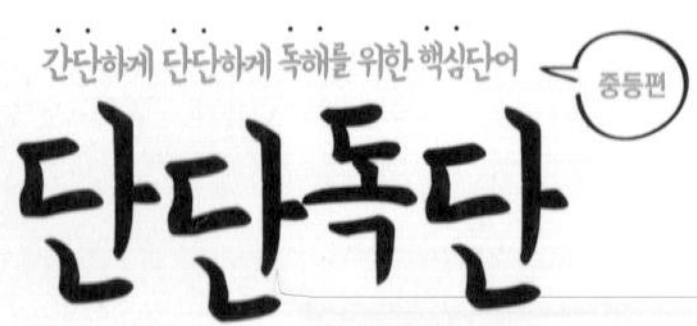

| 만든 사람들 |

기획 실용기획부 | **진행** 한윤지, 김혜인, 신은현 | **집필** 문국
편집 디자인 디자인 숲 · 이기숙 | **표지 디자인** 원은영

| 책 내용 문의 |

도서 내용에 대해 궁금한 사항이 있으시면,
디지털북스 홈페이지의 게시판을 통해서 해결하실 수 있습니다.

디지털북스 홈페이지 : www.digitalbooks.co.kr
디지털북스 페이스북 : www.facebook.com/ithinkbook
디지털북스 카페 : cafe.naver.com/digitalbooks1999
디지털북스 이메일 : digital@digitalbooks.co.kr
저자 이메일 : juckto@hanmail.net

| 각종 문의 |

영업관련 hi@digitalbooks.co.kr
기획관련 digital@digitalbooks.co.kr
전화번호 02 447-3157~8

머리말

어휘력을 키운다는 것은 어떤 것일까요?

부단한 노력은 큰 변화를 가져옵니다. 겨우내 앙상하던 나무가 어느 순간 풍성한 잎으로 뒤덮이는 모습이 그렇습니다. 영어에서 어휘를 암기하는 것은 바로 나무가 쉼 없이 작은 잎을 틔우는 일과 같습니다. 그 작은 잎들이 모여 더운 여름을 이겨낼 초록의 그늘을 만들어줍니다.

이 책은 수능 영어를 본격적으로 준비하기 직전인 중학교 3학년 학생들을 염두에 두고 썼습니다. 어휘력이 조금 부족한 고등학교 1학년이 봐도 도움이 될 것입니다. 책을 쓰면서 가장 노력을 기울인 부분은, 이 책으로 학습하면서 단순히 어휘의 수만을 늘리는 것이 아니라 주요 어휘들이 문맥에서 어떻게 쓰이는지를 체감할 수 있도록 하는 것이었습니다. 〈문맥으로 EXERCISE〉를 통해 그 재미와 효과를 느껴보기 바랍니다.

Part I에는 고등학교 신입생 선발고사와 중학교 3학년 국가수준 학업성취도 평가 문제의 지문을 활용했습니다. 즉 중학교 3학년 수준의 기출 독해 지문을 활용한 직독직해 연습으로 중등 필수 어휘를 점검하도록 했습니다. **Part II**에는 이솝이야기와 행복한 왕자에서 발췌한 지문을 실어 영어 문학 작품을 통해 직독직해 연습을 함으로써 중등 고급 어휘를 익히도록 했습니다. **Part III**에는 고등학교 1학년 전국연합 학력평가 문제의 독해 지문을 활용했습니다. 비교적 쉬운 난이도의 고등학교 1학년 학력평가 독해 지문을 통해 직독직해 연습을 함으로써 본격적인 수능 영어 학습으로 진입하는 데 다리 역할을 하도록 한 것입니다. 어휘 학습 중간 중간에 주요 어근 풀이 및 혼동 어휘를 제시해, 보다 견고하게 어휘력을 키울 수 있도록 했습니다.

부단한 노력으로 뜻한 바를 이루기 바랍니다!

저자 문국

Contents 차례

PART 01 중등고급

PART 02 영어동화

PART 03 예비고등

When the student is ready, the master appears.

학생이 준비가 되면, 선생은 나타난다.

PART

중등고급

DAY 01 - DAY 08

- 고등학교 신입생 선발고사와 중학교 3학년 국가수준 학업성취도 평가 문제의 지문을 활용했습니다.
- 중학교 3학년 수준의 기출 독해 지문을 통해 직독직해 연습으로 중등 필수 어휘를 점검합니다.

1

DAY 01

become [bikʌ́m]
became, become 동 ~하게 되다
The weather **became** colder.
날씨가 더 추워졌다.

break [breik]
broke, broken 동 깨다
He had to **break** a window to get into his house.
그는 자신의 집으로 들어가기 위해 창문을 깨야 했다.

dislike [disláik]
동 싫어하다
I **dislike** soccer, but I enjoy baseball.
나는 축구는 싫어하지만 야구는 좋아한다.

dry [drai]
동 말리다
He **dried** himself with the towel.
그는 수건으로 몸을 말렸다.

find [faind]
found, found 동 찾다
He **found** the answer at last.
그는 마침내 답을 찾았다.

freeze [fri:z]
froze, frozen 동 얼리다
The cold weather **froze** the water pipes.
차가운 날씨가 수도관을 얼렸다.

invent [invént]
동 발명하다
invention 명 발명
Thomas Edison **invented** the phonograph.
토머스 에디슨이 축음기를 발명했다.

kind [kaind]
명 종류
This shop sells all **kinds** of things.
이 가게는 온갖 것들을 다 판다.

loss
[lɔ(:)s]

명 **손실, 패배**

lose [lu:z] 동 잃다

The error resulted in the **loss** of the game.
그 실수 때문에 그 게임에서 졌다.

혼동어휘 **loose** [lu:s] 철자가 비슷한 loose는 '느슨한'이라는 의미이다.
He was wearing a **loose** shirt.
그는 느슨한 셔츠를 입고 있었다.

missing
[mísiŋ]

형 **분실한, ~이 없는**

Let's see if anything is **missing**.
뭔가 빠진 것이 있나 확인해보자.

move
[mu:v]

동 **이동시키다, 움직이다**

The wind **moved** the grass.
바람이 풀을 움직이게 했다.

notice
[nóutis]

동 **알아채다**

He **noticed** a smell of gas.
그는 가스 냄새를 알아챘다.

nowadays
[náuədèiz]

부 **요즘**

Nowadays, fewer people wear hats.
요즘은 모자를 쓰는 사람이 더 적어졌다.

popular
[pάpjulər]

형 **인기 있는, 대중적인**

Those names were **popular** ten years ago.
그런 이름들이 10년 전에는 인기가 있었다.

prefer
[prifə́:r]

동 **선호하다**

preference 명 선호

They like vanilla ice cream, but I **prefer** chocolate.
그들은 바닐라 아이스크림을 좋아하지만 나는 초콜릿 아이스크림을 좋아한다.

raw
[rɔ:]

형 **날것의**

They enjoy eating **raw** horse meat.
그들은 말고기 육회를 먹는 것을 즐긴다.

strike
[straik]

struck, stricken 동 치다

The ball **struck** him hard on the right shoulder.
그 공이 그의 오른쪽 어깨를 강타했다.

thick
[θik]

형 두꺼운
↔ thin 얇은

He has **thick**, curly hair.
그는 두껍고 곱슬곱슬한 머리카락을 가졌다.

be used to ~에 익숙하다

He **is used to** criticism.
그는 비판에 익숙하다.

go on 지속하다, 계속하다

The meeting **went on** longer than we expected.
회의는 우리가 생각했던 것보다 길게 계속되었다.

side by side 나란히

The two boys stood **side by side**.
두 남자아이가 나란히 섰다.

문맥으로 EXERCISE

• 끊어 읽기 표시에 맞춰 직독직해 연습을 하시오.

1 What **kind** of food do you like to eat? / Many people **prefer** to eat food /
어떤 음식을 먹는 것을 좋아하나요? / 많은 사람들은 먹는 것을 좋아합니다 /
from their own culture. / Some people **dislike** certain food / because they
자신의 문화에서 온 음식을 / 어떤 이들은 어떤 음식을 싫어합니다 / 그들이 그것에
are not **used to** it. / The Japanese enjoy eating **raw** horse meat, / but few
익숙하지 않기 때문에 / 일본인들은 말 육회를 먹는 것을 좋아합니다 / 하지만 그
Americans would want to taste it. / Many Asians don't like pizza, / which is
것을 맛보고자 하는 미국인은 거의 없을 겁니다 / 많은 아시아인들은 피자를 좋아하지 않습니다 / 그것은
a very **popular** food in the United States.
미국에서 매우 인기 있는 음식입니다

2 The Prince came out of the river, / **dried** himself, / and started to dress
왕자가 강에서 나왔다 / 자기 몸을 말렸다 / 그리고 다시 옷을 입기 시작
again. / In a few minutes he **noticed** / that his ring was **missing**. / He **became**
했다 / 몇 분 후에 그는 알아챘다 / 그의 반지가 없어진 것을 / 그는 그 분실에
very angry at the **loss**, / and told his helpers / he was not going home / until
몹시 화가 났다 / 그래서 그의 신하에게 말했다 / 집에 가지 않겠다고 / 그들이
they found the ring. / So they began to look everywhere among the plants
그 반지를 찾을 때까지 / 그래서 그들은 풀과 나무들 사이의 모든 곳을 둘러보기 시작했다
and trees.

3 Two horses went to drink some water. / But the river was **frozen**. / One of
말 두 마리가 물을 좀 마시러 갔다 / 하지만 강이 얼어 있었다 / 두 말 중

the horses / **struck** the ice. / It was so **thick** that the horse couldn't **break**
하나가 / 얼음을 쳤다 / 그것은 너무 두꺼워서 그 말은 그 얼음을 깰 수 없었다

the ice. / Then the two horses stood **side by side** / and both struck the ice.
/ 그런 다음 그 두 마리의 말이 나란히 섰다 / 그리고 둘 다 얼음을 쳤다

/ They **went on** doing this, / until the ice broke. / At last, they could drink
/ 그들은 계속 이렇게 했다 / 얼음이 깨질 때까지 / 마침내 그들은 물을 마실 수 있었다

water.

4 The computer mouse was **invented** in 1963-64. / The first mouse was made
컴퓨터 마우스는 1963–64년에 발명되었다 / 최초의 마우스는 나무로 만들어졌다

of wood, / and had just one button. / The first mouse was used in 1984.
/ 그리고 버튼은 하나만 있었다 / 마우스가 처음 사용된 것은 1984년이다

/ **Nowadays** almost every computer has a mouse. / You use your mouse
/ 요즘은 거의 모든 컴퓨터가 마우스를 가지고 있다 / 여러분은 여러분의 마우스를 사용한다

/ to **move** your cursor on the desktop. / Though the mouse was invented in
/ 컴퓨터 화면의 커서를 움직이기 위해 / 마우스는 1960년대에 발명되었지만

the 1960's, / it took about 20 years / for the mouse to **become popular**.
/ 20년 정도가 걸렸다 / 마우스가 대중적이 되는 데까지는

Review Test

DAY 01

A 영어는 우리말로, 우리말은 영어로 쓰시오.

1. break	______	6. 싫어하다	______
2. notice	______	7. 종류	______
3. prefer	______	8. 손실, 패배	______
4. thick	______	9. 발명하다	______
5. freeze	______	10. 말리다	______

B 빈칸에 알맞은 말을 고르시오.

became found moved

1. He ______ the answer at last.
2. The wind ______ the grass.
3. The weather ______ colder.

C 우리말과 일치하도록 빈칸에 맞는 말을 쓰시오.

1. 회의는 우리가 생각했던 것보다 길게 계속되었다.
→ The meeting (   ) longer than we expected.

2. 뭔가 빠진 것이 있나 확인해보자.
→ Let's see if anything is (   ).

3. 그들은 말고기 육회를 먹는 것을 즐긴다.
→ They enjoy eating (   ) horse meat.

Review Test 정답

A **1.** 깨다 **2.** 알아채다 **3.** 선호하다 **4.** 두꺼운 **5.** 얼리다 **6.** dislike **7.** kind **8.** loss **9.** invent **10.** dry

B **1.** found **2.** moved **3.** became

C **1.** went on **2.** missing **3.** raw

DAY 02

ability
[əbíləti]

동 능력
able 형 ~할 수 있는
She is a writer of remarkable **ability**.
그녀는 대단한 능력의 작가이다.

affect
[əfékt]

동 ~에 영향을 미치다
The area has been badly **affected** by pollution.
그 지역은 오염에 심하게 영향을 받았다.

혼동어휘 **effect** [ifékt] 철자와 발음이 비슷한 **effect**는 '효과', '결과'의 의미를 갖는다.
cause and **effect** 원인과 결과

begin
[bigín]

began, begun 동 시작하다
He'll **begin** the lecture at 11.
그는 강연을 11시에 시작할 것이다.

believe
[bilíːv]

동 믿다
belief 명 믿음
I don't **believe** he's only 69. 그가 69세인 것을 못 믿겠다.

cause
[kɔːz]

명 원인
cause and effect 원인과 결과
They couldn't discover the **cause** of the fire.
그들은 화재의 원인을 찾지 못했다.

civil
[sívəl]

형 국가의, 국내의
Many **civil** wars and poor transportation are causes of hunger.
많은 내전과 열악한 교통이 굶주림의 원인이다.

constantly
[kάnstəntli]

부 지속적으로
constant 형 지속적인
She talked **constantly** about her coworker.
그녀는 계속해서 그녀의 직장 동료에 대해 말했다.

draw
[drɔː]

drew, drawn 동 끌다, 당기다
The case **drew** international attention.
그 사건은 국제적 관심을 끌었다.

failure
[féiljər]

명 **실패**

fail 동 실패하다

Joe's plans ended in **failure**.

Joe의 계획은 실패로 돌아갔다.

---

fear
[fiər]

명 **공포**

fearful 형 무시무시한

The girl's eyes were full of **fear**.

그 소녀의 눈은 공포로 가득했다.

---

huge
[hjuːdʒ]

형 **거대한**

He arrived at the airport carrying a **huge** suitcase.

그는 거대한 여행 가방을 끌고 공항에 도착했다.

---

hunger
[hʌ́ŋgər]

명 **굶주림**

hungry 형 배고픈

Thousands of people are dying from **hunger** every day.

수천 명의 사람들이 굶주림으로 매일 죽는다.

---

method
[méθəd]

명 **방법**

Let's try again using a different **method**.

다른 방법으로 다시 시도해보자.

---

natural
[nǽtʃərəl]

형 **천부적인**

Few people have a **natural** talent for success.

성공에 대한 천부적 재능을 가진 사람은 별로 없다.

---

nervous
[nə́ːrvəs]

형 **긴장하는**

He is **nervous** about his job interview.

그는 취업 인터뷰에 대해 긴장하고 있다.

---

positive
[pάzətiv]

형 **긍정적인**

He has a **positive** attitude to life.

그는 삶에 있어서 긍정적인 태도를 가졌다.

pray
[prei]

동 기도하다
prayer 명 기도
Let us **pray** for peace.
평화를 위해 기도하자.

rapid
[rǽpid]

형 빠른
rapidly 부 빠르게
The patient made a **rapid** recovery.
그 환자는 빠르게 회복했다.

thought
[θɔːt]

명 생각
thoughtful 형 사려 깊은
He was lost in **thought**.
그는 생각에 빠져 있었다.

transportation
[trænspərtéiʃən]

명 교통
The city needs to improve its public **transportation**.
그 도시는 대중교통을 개선할 필요가 있다.

useless
[júːslis]

형 소용없는
The land is **useless** for growing crops.
그 땅은 작물을 재배하기에는 쓸모가 없다.

접사 **-less** → '~이 없는', '~할 수 없는'의 의미를 갖는다.
painless 고통 없는 / **childless** 자식이 없는 /
harmless 해롭지 않은

get over 극복하다
The kids never **got over** their fear of large dogs.
아이들은 큰 개에 대한 공포를 절대 이겨내지 못했다.

문맥으로 EXERCISE

• 끊어 읽기 표시에 맞춰 직독직해 연습을 하시오.

1 Very few people in the world have a "**natural** talent" for success. / The
세상에 성공에 대해 천부적 재능을 가진 사람은 극히 드물다 / 좋은

ability to make a good achievement / usually comes only after years of hard
성과를 내는 능력은 / 보통 몇 년 간의 고된노력과 여러 번의 실패 이후에만

work and many **failures**. / If you listen to the success stories of top singers',
온다 / 탑 가수들의 성공담을 들어보면

/ you will learn / that most of them were very **nervous** / on their first stages.
/ 배울 것이다 / 그들 대부분은 매우 긴장했음을 / 그들의 첫 무대에서

/ These people try to **get over** their **fears** / by just doing what they need to
/ 이런 사람들은 그들의 두려움을 극복하려고 노력한다 / 단순히 그들이 해야 하는 일을 함으로써

do.

2 There are many **causes** of **hunger** in Africa. / African governments cannot
아프리카에는 굶주림의 원인이 많이 있다 / 아프리카 정부들은 충분한 음식을 제공할

supply enough food / for all their people / because of **rapid** population
수 없다 / 그들의 모든 국민들에게 / 급격한 인구 증가 때문에

growth. / Secondly, long periods without rain / often cause them to have
/ 다음으로, 비가 내리지 않는 긴 기간은 / 종종 그들에게 식량 부족을 야기시킨다

little food. / Also many **civil** wars and poor **transportation** / are **causes** of
/ 빈번한 내전과 열악한 교통 또한 / 굶주림의 원인들

hunger.
이다

3 Have you ever seen pictures of the Native American rain-making
미국 원주민의 기우제 사진을 본 적이 있는가?

ceremonies? / We **believe** such **methods** could not bring rain. / We know
/ 우리는 그런 방법이 비를 내리게 할 수는 없다고 믿는다 / 우리는 신화의

that **praying** to mythical gods is **useless**. / However, the ceremony of the
신에 기도를 하는 것이 소용없음을 알고 있다 / 하지만, Hopi 미 원주민 부족의 의식은 좀 흥

Hopi, a Native American tribe, is rather interesting. / The dance is performed
미롭다 / 춤이 펼쳐진다

/ around **huge** bonfires. / When it reaches its climax, / the dancers toss silver
/ 거대한 모닥불 주위로 / 그것이 절정에 이를 때 / 댄서들은 은빛 팔찌들을 불 속

bracelets into the fire.
으로 던진다

4 Almost like a magnet, / we **draw** in what we **constantly** think about. / If
거의 자석처럼 / 우리는 우리가 지속적으로 생각하는 것을 끌어당긴다 / 만

you are always thinking **positive**, / you're going to be a **positive** person.
약 당신이 늘 긍정적으로 생각한다면 / 당신은 긍정적인 사람이 될 것이다

/ Our **thoughts** also **affect** our emotions. / We will feel exactly the way we
/ 우리의 생각은 또한 우리의 감정에도 영향을 미친다 / 우리는 우리가 생각하는 바로 그 방식으로 느

think. / You'll never be happy / unless you first think happily. / So much of
낄 것이다 / 당신은 절대 행복할 수 없다 / 당신이 먼저 행복하게 생각하지 않는다면 / 그래서 인생에서

success or failure in life / **begins** in our mind.
의 성공이나 실패가 / 우리 마음속에서 시작한다

Review Test DAY 02

A 영어는 우리말로, 우리말은 영어로 쓰시오.

1. ability	________	6. 천부적인	________
2. rapid	________	7. 굶주림	________
3. cause	________	8. 교통	________
4. method	________	9. 믿다	________
5. failure	________	10. 소용없는	________

B 빈칸에 알맞은 말을 고르시오.

thought fear constantly

1. The girl's eyes were full of ________.
2. She talked ________ about her coworker.
3. He was lost in ________.

C 우리말과 일치하도록 빈칸에 맞는 말을 쓰시오.

1. 아이들은 큰 개에 대한 공포를 절대 이겨내지 못했다.
   → The kids never ( ) their fear of large dogs.
2. 그는 취업 인터뷰에 대해 긴장하고 있다.
   → He is ( ) about his job interview.
3. 그 지역은 오염에 심하게 영향을 받았다.
   → The area has been badly ( ) by pollution.

Review Test 정답

A **1.** 능력 **2.** 빠른 **3.** 원인 **4.** 방법 **5.** 실패 **6.** natural **7.** hunger **8.** transportation **9.** believe **10.** useless

B **1.** fear **2.** constantly **3.** thought

C **1.** got over **2.** nervous **3.** affected

DAY 03

anger
[ǽŋgər]

명 **분노**
angry 형 화가 난
"Go away!" she shouted in **anger**.
"가버려!"라고, 그녀는 분노에 차 외쳤다.

benefit
[bénəfit]

명 **이득**
beneficial 형 이로운
I see no **benefit** in changing your jobs now.
네가 지금 직장을 옮겨서 이로운 점이 무엇인지 나는 전혀 모르겠다.

edge
[edʒ]

명 **가장자리**
She sat on the **edge** of the desk, swinging her legs.
그녀는 책상 가장자리에 걸터앉아 다리를 까딱거렸다.

expectation
[èkspektéiʃən]

명 **기대**
expect 동 기대하다
Profits are below **expectations**.
이윤이 기대에 못 미쳤다.

express
[iksprés]

동 **표현하다**
expression 명 표현
Bill's free to **express** his opinions.
Bill은 자유롭게 자신의 의견을 표현한다.

flexible
[fléksəbl]

형 **유연한**
flexibility 명 유연성
Flexible branches are dancing in the breeze.
유연한 나뭇가지들이 바람에 흔들리고 있다.

near
[niər]

부 **가까이에**
She shouted, "Don't come any **nearer**!"
그녀는 "더 이상 가까이 오지 마!"라고 소리쳤다.

press
[pres]

동 **누르다**
Children were **pressing** their faces against the window.
아이들이 자기들의 얼굴을 창문에 누르고 있었다.

prevent
[privént]

동 막다
prevention 명 방해
The rules are established to **prevent** accidents.
그 법규들은 사고를 막기 위해 만들어졌다.

---

realize
[ríːəlàiz]

동 깨닫다
realization 명 깨달음
Do you **realize** you're one and half hours late?
너 한 시간 반 늦은 것을 알고 있니?

---

ride
[raid]

rode, ridden 동 타다
I never **rode** on a camel before.
낙타는 타본 적이 없다.

---

rush
[rʌʃ]

동 서둘러 가다
We **rushed** to catch the bus.
우리는 버스를 잡으려고 서둘렀다.

---

show
[ʃou]

동 보여주다
The study **shows** an increase in the disease among the children.
그 연구는 아이들 사이에서 그 질병이 증가했음을 보여주고 있다.

---

spread
[spred]

spread, spread 동 펼치다
Help me **spread** the cloth on the desk.
내가 책상에 천을 펼치는 것을 도와줘.

---

straight
[streit]

형 곧바른
She has long, **straight** hair.
그녀는 머리카락이 길고 곧바르다.

---

treasure
[tréʒər]

명 보물
treasure chest 보물 상자
There are rumors of buried **treasure** in the old house.
그 낡은 집에 보물이 묻혀 있다는 소문이 있다.

twist
[twist]

동 비틀다

He **twisted** balloons into the shapes of different animals.
그는 풍선을 비틀어 여러 동물 모양으로 만들었다.

wet
[wet]

형 젖은

His hair is still **wet**.
그의 머리카락은 아직 젖어있다.

as well ~도 또한

They advertised the new novel on television and in newspapers **as well**.
그들은 신간 소설을 텔레비전에 광고했고 신문에도 했다.

nothing but 단지 ~뿐

Rebecca buys **nothing but** expensive clothes.
Rebecca는 비싼 옷만 산다.

stick out 삐죽 내밀다

Some cloth **stuck out** of the drawer.
서랍에서 천이 좀 삐져나왔다.

문맥으로 EXERCISE

• 끊어 읽기 표시에 맞춰 직독직해 연습을 하시오.

1 We know / that regular exercise is good for us. / However, most of us don't
우리는 안다 / 규칙적인 운동이 우리에게 좋다는 것을 / 하지만 우리들 대부분은 깨닫지 못한다
realize / that we should do some stretching / before exercising. / There are
/ 우리가 약간의 스트레칭을 해야 하는 것을 / 운동 전에 / 많은 이점들이
many **benefits** / you can get from stretching. / Stretching makes your body
있다 / 당신이 스트레칭으로부터 얻을 수 있는 / 스트레칭은 당신의 몸을 보다 유연하게
more **flexible** / and helps your body stay balanced. / Furthermore, it keeps
만든다 / 그리고 당신의 몸이 균형 잡힐 수 있도록 돕는다 / 게다가 그것은 당신의 몸을 건
your body in shape / and **prevents** muscles from getting hurt. / It can reduce
강한 상태로 유지시켜준다 / 그리고 근육이 다치지 않게 해준다 / 그것은 스트레스를
stress **as well**.
줄여주기도 한다

2 Putting a puzzle together can be difficult, / but when you are done, / the
퍼즐을 맞추는 것은 어려울 수 있다 / 하지만 완성을 하면 / 그 보
reward is a great picture. / Here are some steps / that can help you finish it
상은 큰 그림이다 / 여기 몇 가지 단계가 있다 / 당신이 그것을 성공적으로 끝마치는
successfully. / **Spread** out all the puzzle pieces on the table / and select all
데 도움이 될 수 있는 / 모든 퍼즐 조각들을 탁자 위에 펼쳐라 / 그리고 끝이 직선인
the pieces with **straight edges**. / Begin putting them together, / and then put
조각들을 모두 골라라 / 그것들을 맞추기 시작하라 / 그런 다음 퍼즐의
the inside of the puzzle together. / Finally, you will have many large sections
안쪽을 맞춰라 / 끝으로, 당신은 여러 큰 부분들을 가지게 될 것이다
/ that make the big picture.
/ 큰 그림을 이루는

3 It is said / that only humans can **express** feelings. / Then how about animals?
말하여 진다 / 인간만이 감정을 표현할 수 있다고 / 그러면 동물들은 어떤가?

/ Zoologists say / that some animals can do so. / We can see / two elephants
/ 동물학자들은 말한다 / 몇몇 동물들도 그렇게 할 수 있다고 / 우리는 볼 수 있다 / 두 마리의 코끼리

twisting their trunks together / in the zoo. / It looks like they love each
가 그들의 코를 꼬는 것을 / 동물원에서 / 그것은 그들이 서로 사랑하는 것처럼 보인

other. / Giraffes also **press** their necks together / when they like each other.
다 / 기린들은 그들의 목을 서로 밀친다 / 그들이 서로 좋아할 때

/ Gorillas **stick out** their tongues / to **show anger**.
/ 고릴라들은 그들의 혀를 내민다 / 분노를 표현하기 위해

4 Two travelers were walking along the seashore. / They saw something
두 여행자가 해변을 따라 걷고 있었다 / 그들은 뭔가가 먼 파도에 떠 있는

riding on the waves far away / with a great **expectation**. / "Look," said one,
것을 봤다 / 큰 기대를 안고서 / "봐," 한 명이 말했다

/ "It's a big ship / carrying rich **treasures**!" / The thing they saw / came
/ "그것은 큰 배야 / 보물을 가득 실어 나르는!" / 그들이 본 것이 / 해변으

nearer to the shore. / "No," said the other, / "That is not a treasure ship.
로 더 가까이 왔다 / "아니야", 다른 사람이 말했다 / "저건 보물선이 아니야

/ That is some fisherman's boat full of fish." / It came much nearer. / Both
/ 물고기가 가득한 어부의 배야". / 그것이 훨씬 더 가까워졌다 / 두 여행

travelers **rushed** to the beach, / but there they found **nothing but** a **wet** log.
자 모두 서둘러 물가로 갔다 / 하지만 거기서 그들이 발견한 것은 젖은 통나무뿐이었다

Review Test DAY 03

A 영어는 우리말로, 우리말은 영어로 쓰시오.

1. flexible	______	6. 표현하다	______
2. wet	______	7. 보여주다	______
3. edge	______	8. 깨닫다	______
4. treasure	______	9. 펼치다	______
5. anger	______	10. 서둘러 가다	______

B 빈칸에 알맞은 말을 고르시오.

straight　　rode　　expectations

1. I never ____________ on a camel before.
2. Profits are below ____________.
3. She has long, ____________ hair.

C 우리말과 일치하도록 빈칸에 맞는 말을 쓰시오.

1. 서랍에 옷이 좀 삐져나왔다.
   → Some cloth (　　　　　　) of the drawer.
2. 레베카는 비싼 옷만 산다.
   → Rebecca buys (　　　　　　) expensive clothes.
3. 그 법규들은 사고를 막기 위해 만들어졌다.
   → The rules are established to (　　　　　　) accidents.

Review Test 정답

A **1.** 유연한 **2.** 젖은 **3.** 가장자리 **4.** 보물 **5.** 분노 **6.** express **7.** show **8.** realize **9.** spread **10.** rush

B **1.** rode **2.** expectations **3.** straight

C **1.** stuck out **2.** nothing but **3.** prevent

DAY 04

breathe
[briːð]

동 **숨 쉬다**
breath 명 숨
Relax and **breathe** deeply.
몸을 풀고 숨을 깊이 쉬어라.

confuse
[kənfjúːz]

동 **혼동시키다**
confusion 명 혼동
The zebra's stripes **confused** a hungry lion.
얼룩말들의 줄무늬가 굶주린 사자를 헷갈리게 만들었다.

consider
[kənsídər]

동 **고려하다**
consideration 명 고려
He **considered** resigning.
그는 은퇴를 고려했다.

crowd
[kraud]

명 **무리**
crowded 형 혼잡한
There were **crowds** of shoppers in the street.
거리에는 쇼핑객들이 넘쳐났다.

danger
[déindʒər]

명 **위험**
dangerous 형 위험한
He was fearless in the face of **danger**.
그는 위험 앞에서 두려워하지 않았다.

expense
[ikspéns]

명 **지출**
expend 동 소비하다
Rent is our biggest **expense**.
월세가 우리의 가장 큰 지출이다.

false
[fɔːls]

형 **거짓의, 가짜의**
He used a **false** name.
그는 가짜 이름을 사용했다.

fixed
[fikst]

형 **고정된**
That day remains **fixed** in my memory.
그 날은 내 기억 속에 고정되어 남아있다.

hide
[haid]

hid, hidden 동 **숨다**
hide-and-seek 숨바꼭질

They **hid** under the bridge.
그들은 다리 밑에 숨었다.

lead
[liːd]

led, led 동 **~에 이르게 하다**

He **led** us down the hill.
그가 우리를 언덕 밑으로 이끌었다.

혼동어휘 **lead** [led] 철자는 같지만 발음이 다른 lead는 '납'이라는 뜻을 갖고 있다.

mean
[miːn]

meant, meant 동 **의미하다**

The green light **means** 'Cross.'
초록색 불빛은 '건너시오'를 의미한다.

save
[seiv]

동 **구하다**

He **saved** the boy from drowning.
그는 그 소년을 익사로부터 구했다.

search
[səːrʧ]

동 **조사하다, 검색하다**

He **searched** for information on the Web.
그는 인터넷에서 정보를 검색했다.

shake
[ʃeik]

shook, shaken 동 **흔들다**

The earthquake **shook** the ground.
지진이 땅을 흔들었다.

spend
[spend]

spent, spent 동 **쓰다, 소비하다**

I **spent** 20,000 won on her birthday gift.
나는 그녀의 생일 선물로 2만원을 썼다.

stripe
[straip]

명 **줄무늬**

He's wearing a shirt with black **stripes**.
그는 검은 줄무늬가 있는 셔츠를 입고 있다.

and so on 기타 등등

I bought milk, eggs, bread, **and so on**.
나는 우유, 계란, 빵 등등을 샀다.

be filled with ~로 채워지다

The air **was filled with** the sound of children's laughter.
공기가 아이들의 웃음소리로 가득 채워졌다.

figure out 이해하다, 생각해내다

Let's **figure out** a way to help.
도울 수 있는 방법을 생각해보자.

from a distance 멀리서

We watched **from a** safe **distance**.
우리는 안전하게 멀리 떨어진 곳에서 바라봤다.

stand out 눈에 띄다

As a designer, she **stands out** from all the others.
디자이너로서, 그녀는 다른 모든 사람들보다 돋보인다.

문맥으로 EXERCISE

- **끊어 읽기 표시에 맞춰 직독직해 연습을 하시오.**

1 In every part of the world, / people have a favorite kind of garden. / In
세계의 모든 곳에 / 사람들이 좋아하는 정원의 유형이 있다 / 일본
Japan, people like gardens / which have little bridges in them. / In India,
에서는 사람들이 정원을 좋아한다 / 그 안에 작은 다리가 있는 정원을 / 인도에서는,
gardens often have ponds / **filled with** flowers. / Gardens in Hawaii / may
정원들은 대체로 연못을 가진다 / 꽃으로 가득한 / 하와이의 정원에는 / 작은
have many small plants. / Gardeners in other parts of the world / often copy
화초들이 많이 있을 것이다 / 세상의 다른 곳의 정원사들은 / 종종 이러한
these favorite gardens.
인기 있는 정원들을 모방한다

2 How do **stripes** protect a zebra? / You might think / that in Africa the black-
어떻게 줄무늬가 얼룩말을 보호할까? / 당신은 아마 생각할 수도 있다 / 아프리카에서 흑백의 얼룩
and-white zebra / **stands out** from the **crowd**, / making it an easy target /
말은 / 무리 중에서 눈에 띄고 / 그래서 그것이 얼룩말을 쉬운 표적으로 만든다고 /
for a passing lion. / However, the zebra's stripes / actually help the animal
지나가는 사자에게 / 하지만, 얼룩말의 줄무늬는 / 사실 그 동물이 숨는 것을 돕는다
hide / in the open area. / **From a distance**, / a group of zebras / look like
/ 열린 공간에서 / 멀리서 보면 / 한 무리의 얼룩말들은 / 흑백의 선으로
waves of black and white lines, / **confusing** a hungry lion. / The lion can't
이뤄진 물결로 보인다 / 그래서 그것은 배고픈 사자를 혼동시킨다 / 사자는 공격할
pick out a single animal to attack. / The lion moves away / and the zebras'
하나의 동물을 고를 수가 없다 / 사자는 지나가버린다 / 그리고 얼룩말의 목숨
lives are **saved**.
은 구해지는 것이다

3 Do you often **spend** all of your money / before the end of the month?
당신은 자주 돈을 다 쓰는가 / 그 달이 끝나기 전에
/ Then you'd better **consider** / making a spending plan. / To make a monthly
/ 그러면 당신은 고려해보는 것이 좋다 / 지출 계획을 세우는 것을 / 한 달의 지출 계획을 세우
spending plan, / first of all, / you should list your **fixed** spending. / In other
기 위해서는 / 무엇보다도 먼저 / 고정된 지출의 목록을 적어야 한다 / 다시 말해
words, / list all the money you must spend each month / for phone, food,
/ 각 달마다 꼭 써야하는 모든 돈을 적어라 / 전화, 음식, 등에 쓸
and so on. / If you have to guess at some of your spending, / you should
/ 당신의 지출에 있어 추측을 좀 해야 한다면 / 보다 높게 추측
guess higher / rather than lower. / Then list large **expenses** / and **figure out**
을 해야 한다 / 보다 낮게 잡는 것보다는 / 그런 다음 큰 지출들을 적어라 / 그리고 다달이 들어가
their monthly costs. / By making a spending plan / and following it, / you
는 그것들의 비용을 생각해내라 / 지출 계획을 세움으로써 / 그리고 그것을 지킴으로써 / 당신
won't have to worry / about being short of money each month.
은 걱정할 필요가 없을 것이다 / 달마다 돈에 쪼들리는 것에 대한

4 Anne was always fearful / that she would be discovered. / Any sound
안네는 늘 두려웠다 / 그녀가 발각될까봐 / 어떤 소리든 위험
might **mean danger**. / One night in April, 1944, / the police turned up.
이 될 수 있었다 / 1994년 4월의 한 밤 / 경찰들이 들이닥쳤다
/ They **searched** the building / and arrived in the room / that **led** to her
/ 그들은 건물을 수색했다 / 그리고 그 방에 이르렀다 / 그녀가 숨어있는 장소
hiding place. / Anne heard their footsteps / in the room below. / One of the
와 연결된 그 방에 / 안네는 그들의 발소리를 들었다 / 아래의 방에서 / 경찰들 중 하나
policemen / **shook** the **false** bookcase / that covered the doorway. / Then he
가 / 그 가짜 책장을 흔들었다 / 그 문을 가린 책장을 / 그런 다음
shook it again. / Anne couldn't **breathe** / because of terror.
그것을 다시 흔들었다 / 안네는 숨을 쉴 수 없었다 / 공포 때문에

Review Test DAY 04

A 영어는 우리말로, 우리말은 영어로 쓰시오.

1. consider	________________	6. 숨다	________________
2. save	________________	7. 쓰다, 소비하다	________________
3. fixed	________________	8. 위험	________________
4. shake	________________	9. 혼동시키다	________________
5. breathe	________________	10. 줄무늬	________________

B 빈칸에 알맞은 말을 고르시오.

false　　expense　　crowds

1. There were ____________ of shoppers in the street.
2. Rent is our biggest ____________.
3. He used a ____________ name.

C 우리말과 일치하도록 빈칸에 맞는 말을 쓰시오.

1. 도울 수 있는 방법을 생각해보자.
   → Let's (　　　　　　　　) a way to help.
2. 디자이너로서, 그녀는 다른 모든 사람들보다 돋보인다.
   → As a designer, she (　　　　　　　　) from all the others.
3. 공기가 아이들의 웃음소리로 가득 채워졌다
   → The air (　　　　　　　　) the sound of children's laughter.

Review Test 정답

A **1.** 고려하다 **2.** 구하다 **3.** 고정된 **4.** 흔들다 **5.** 숨 쉬다 **6.** hide **7.** spend **8.** danger **9.** confuse **10.** stripe

B **1.** crowds **2.** expense **3.** false

C **1.** figure out **2.** stands out **3.** was filled with

DAY 05

advise
[ædváiz]

통 **조언하다, 권고하다**
advice 명 충고
Neil **advised** her to leave Seoul.
Neil은 그녀에게 서울을 떠나라고 충고했다.

arrive
[əráiv]

통 **도착하다**
arrival 명 도착
She **arrived** late as usual.
그녀는 늘 그렇듯 늦게 도착했다.

attend
[əténd]

통 **~에 참석하다**
attendance 명 참석
Only 5 people **attended** the meeting.
다섯 명만 그 회의에 참석했다.

burn
[bə:rn]

burnt, burnt 통 **태우다**
She **burnt** all his old letters.
그녀는 그가 보낸 편지를 모두 태웠다.

creature
[krí:ʧər]

명 **피조물, 생물**
creator 명 창조자
Few living **creatures** can survive without water.
물 없이 생존할 수 있는 생명체는 거의 없다.

direction
[dirékʃən]

명 **방향**
They attacked from three different **directions**.
그들은 각각 다른 세 방향에서 공격했다.

forest
[fɔ́:rist]

명 **숲**
My father loved to walk in the **forest** at sunrise.
나의 아버지는 해가 뜰 무렵 숲을 걷는 것을 좋아하셨다.

germ
[dʒə:rm]

명 **세균, 병균**
It's a **germ** that causes sore throats.
목이 따가운 것은 세균 때문이다.

guard
[ga:rd]

명 **경비원, 보초**

They were stopped by border **guards**.
그들은 국경 경비원들에 의해 저지당했다.

head
[hed]

동 **~로 향하다**

The train was **heading** for Daegu.
기차는 대구를 향하고 있었다.

illness
[ílnis]

명 **병**

She is recovering from an **illness**.
그녀는 병에서 회복중이다.

microscope
[máikrəskòup]

명 **현미경**

Each sample was examined through a **microscope**.
각 샘플이 현미경을 통해 검사되었다.

혼동어휘 **telescope** [téləskòup] telescope는 망원경이라는 뜻이다. micro는 '매우 작은'의 의미를 가지고 있고 tele는 '원거리의'라는 의미를 가지고 있다.

offer
[ɔ́:fər]

동 **제공하다, 제안하다**

He has **offered** to pick us up.
그가 우리를 태우러 오겠다고 제안했다.

poison
[pɔ́izn]

명 **독** 동 **~에 독을 넣다**

food poisoning 식중독

He swallowed some type of **poison**.
그는 어떤 종류인가의 독을 삼켰다.

He killed several people by **poisoning** their food.
그는 음식에 독을 넣어 여러 사람들을 죽였다.

public
[pʌ́blik]

명 **대중**

The meeting will be open to the general **public**.
그 회의는 일반 대중에게 공개될 것이다.

race
[reis]

명 경주

He finished fourth in the **race**.
그는 경주에서 4등으로 완주했다.

recover
[rikʌ́vər]

동 회복하다

recovery 명 회복

She's in hospital, **recovering** from a heart attack.
그녀는 병원에 있는데, 심장병으로부터 회복중이다.

surprise
[sərpráiz]

동 깜짝 놀라게 하다

His unexpected question **surprised** her.
그의 예상치 못한 질문이 그녀를 깜짝 놀라게 했다.

volunteer
[vɑ̀ləntíər]

명 지원자, 자원봉사자

I need some **volunteers** to help with the dog house cleaning.
개집 청소를 도와줄 지원자가 좀 필요하다.

as well as ~뿐만 아니라

I'm studying math and chemistry, **as well as** history.
나는 역사뿐만 아니라 수학과 화학도 공부하고 있다.

at last 결국, 끝에는

The train has come **at last**.
기차가 마침내 왔다.

break out 일어나다, 발생하다

A fight **broke out** in the dance club.
댄스 클럽에서 싸움이 발생했다.

in the first place 애초에

We should never have agreed to do this **in the first place.**
우리가 애초에 이걸 하기로 동의하지 말았어야 하는 건데.

문맥으로 EXERCISE

• 끊어 읽기 표시에 맞춰 직독직해 연습을 하시오.

1 I recently visited City Hall to **attend** a meeting / at 9 in the morning. / My
나는 최근에 회의에 참석하기 위해 시청에 갔다 / 아침 9시에 / 내
husband Joe and I **arrived** at the lobby at 8:15. / I looked for the women's
남편 Joe와 나는 로비에 8시 15분에 도착했다 / 나는 여자 화장실을 찾아봤다
restroom. / I asked one of the **guards** for the **directions**. / He **advised** me
/ 나는 경비원 중 한 명에게 방향을 물었다 / 그가 내게 알려줬다
/ that the restroom was closed / until the building was opened to the public
/ 화장실은 닫혀있다고 / 건물이 9시에 대중에게 개방될 때까지
at 9. / That meant I had to wait. / I was angry with his answer. / How could
/ 그것은 내가 기다려야 한다는 의미였다 / 나는 그의 대답에 화가 났다 / 어떻게 이것이 가
this be possible / in a **public** building?
능한 거지 / 공공건물에서

2 There are two types of **germs**. / One is bacteria and the other is viruses.
세균에는 두 가지 종류가 있다 / 하나는 박테리아이고 다른 하나는 바이러스이다
/ Germs are very small **creatures** / and they cause most **illnesses**. / Viruses
/ 세균은 매우 작은 생명체다 / 그리고 그것들은 많은 질병을 유발한다 / 바이러스는
can only live for a very short time / outside of the living cells / but they can
매우 짧은 시간 동안만 살 수 있다 / 살아 있는 세포 바깥에서 / 하지만 그것들은
spread easily / once they are in your body. / Bacteria are so small that you
쉽게 퍼진다 / 일단 그것들이 여러분의 몸에 들어가면 / 박테리아는 너무 작아서 여러분은 현미경이
need a **microscope** / to see them. / There are bad bacteria / like the ones
필요하다 / 그것들을 보려면 / 나쁜 박테리아가 있다 / 예를 들면
/ that can cause food **poisoning**, / **as well as** good bacteria like yeast.
/ 식중독을 일으키는 것들 / 뿐만 아니라 효모와 같은 좋은 박테리아도 있다

3 "Let's have a **race** with our pets," said Jane. / "We can see which pet is the
"우리의 애완동물들로 경주를 하자," 제인이 말했다 / "우리는 어느 애완동물이 가장 빠른지
fastest." / So her friends went to Jane's house / with their pets. / They took
확인할 수 있어." / 그래서 그녀의 친구들은 제인의 집으로 갔다 / 그들의 애완동물들을 데리고 /
a dog, a cat, and a turtle. / The pets had to race to a big tree. / When the race
그들은 개, 고양이, 그리고 거북을 데리고 갔다 / 애완동물들은 큰 나무까지 달려가야 했다 / 경주가 시작되
began, however, / the children were **surprised** / to see the dog running away
을 때, 하지만, / 아이들은 깜짝 놀랐다 / 개가 고양이를 따라 달아나버리는 것을
after the cat. / Only the turtle **headed** for the tree. / It took a long time. / **At**
보고 / 거북만이 나무를 향해갔다 / 한참이 걸렸다 /
last the turtle won the race.
마침내 거북이 경주에서 우승했다

4 Many wildfires **broke out** / and **burned** the surrounding **forest**. / A lot
많은 산불이 발생했다 / 그리고 주변 숲을 태웠다 / 많은 사
of people lost their homes. / The government and **volunteers** all over the
람들이 집을 잃었다 / 전 세계의 정부와 자원봉사자들이
country / are **offering** to help. / It is said that it takes more than 30 years
/ 도움을 제공하고 있다 / 30년이 넘게 걸린다고 한다
/ for a forest to **recover** from a fire. / So we plant trees every year. / But we
/ 숲이 화재로부터 회복하는 데 / 그래서 우리는 해마다 나무를 심는다 / 하지만 우리
should remember / that it is important to keep the forest from catching fire
는 기억해야 한다 / 숲이 화재에 휘말리지 않도록 지키는 것이 중요하다는 것을
/ **in the first place**.
/ 애초에

Review Test DAY 05

A 영어는 우리말로, 우리말은 영어로 쓰시오.

1. germ	____________	6. ~에 참석하다	____________
2. burn	____________	7. 방향	____________
3. illness	____________	8. 대중	____________
4. recover	____________	9. 깜짝 놀라게 하다	____________
5. arrive	____________	10. 현미경	____________

B 빈칸에 알맞은 말을 고르시오.

poison offered forest

1. My father loved to walk in the ____________ at sunrise.
2. He has ____________ to pick us up.
3. He swallowed some type of ____________ .

C 우리말과 일치하도록 빈칸에 맞는 말을 쓰시오.

1. 나는 역사뿐만 아니라 수학과 화학도 공부하고 있다.
   → I'm studying math and chemistry, (   ) history.
2. 댄스 클럽에서 싸움이 발생했다.
   → A fight (   ) in the dance club.
3. 우리가 애초에 이걸 하기로 동의하지 말았어야 하는 건데.
   → We should never have agreed to do this (   ).

Review Test 정답

A **1.** 세균, 병균 **2.** 태우다 **3.** 병 **4.** 회복하다 **5.** 도착하다 **6.** attend **7.** direction **8.** public **9.** surprise **10.** microscope

B **1.** forest **2.** offered **3.** poison

C **1.** as well as **2.** broke out **3.** in the first place

DAY 06

attention
[ətén∫ən]

명 주의, 관심
His **attention** wasn't really on the game.
그의 관심은 정말로 그 게임에 있지 않았다.

average
[ǽvəridʒ]

형 평균의, 보통의
In an **average** week I run 25 kilometers.
나는 보통 한 주에 25킬로미터를 달린다.

bet
[bet]

동 내기를 하다, 확신하다
How much do you want to **bet**?
얼마나 걸겠습니까?

carry
[kǽri]

동 나르다
carrier 명 운반하는 사람 · 것
Let me **carry** that box for you.
그 상자 제가 대신 날라드리죠.

chance
[ʧæns]

명 기회
Robin was waiting for a **chance** to introduce himself.
Robin은 자신을 소개할 기회를 기다리고 있었다.

disease
[dizí:z]

명 질병
He suffers from a rare **disease**.
그는 희귀병을 앓고 있다.

expose
[ikspóuz]

동 노출하다
exposure 명 노출
The children are **exposed** to family violence.
그 아이들은 가정 폭력에 노출되어 있다.

fast
[fæst]

동 금식하다 명 금식
Some people **fast** for political reasons.
어떤 사람들은 정치적인 이유로 단식을 한다.

암기법 **breakfast**는 밤에 자는 동안의 fast(금식)을 break(끝냄)하므로 아침식사가 되는 것이다.

immune
[imjú:n]

형 **면역성의, (과세 등의) 대상이 아닌**

immunity 명 면역

immune system 면역 체계

They are **immune** from punishment.

그들은 처벌을 받지 않는다.

occasionally
[əkéiʒənəli]

부 **때때로**

occasional 형 때때로의

We go to the theatre **occasionally**.

우리는 때때로 극장에 간다.

political
[pəlítikəl]

형 **정치적인**

Education is now a major **political** issue.

교육은 현재 중요한 정치적인 문제이다.

reason
[rí:zn]

명 **이유**

She didn't give the **reasons** for her decision.

그녀는 자신의 결정에 대한 이유를 밝히지 않았다.

religious
[rilídʒəs]

형 **종교적인**

religion 명 종교

I don't share his **religious** beliefs.

나는 그와 종교적 신념이 같지 않다.

rich
[ritʃ]

형 **풍부한**

He has a **rich** vocabulary.

그는 풍부한 어휘력을 갖고 있다.

stable
[stéibl]

형 **안정적인**

stability 명 안정

Children need to be raised in a **stable** environment.

아이들은 안정적인 환경에서 자라야 한다.

violence
[váiələns]

명 폭력

violent 형 격렬한

He has endured years of **violence**.
그는 몇 년간의 폭력을 견뎌왔다.

wide
[waid]

형 넓은, 광대한

width 명 폭

The river is more than 500 meters **wide**.
그 강은 폭이 500미터가 넘는다.

연관어휘 **long** [lɔːŋ] '긴' 것은 long이고 이것의 명사형 '길이'는 length이다.

be likely to ~할 가능성이 크다

Young drivers **are** more **likely to** have accidents than older drivers.
어린 운전자들이 나이든 운전자들보다 사고를 당할 가능성이 크다.

bring up 기르다, 키우다

Bringing up children is both difficult and rewarding.
아이를 키우는 일은 어렵기도 하면서 보람도 있다.

make sure 틀림없이 ~하다

Make sure he writes it down.
그가 이것을 꼭 받아 적도록 해라.

문맥으로 EXERCISE

• 끊어 읽기 표시에 맞춰 직독직해 연습을 하시오.

1 I **bet** / you love riding your bicycle. / From now on, / you can ride a bicycle
나는 확신한다 / 당신이 자전거 타는 것을 좋아함을 / 지금부터 / 당신은 자전거 택시를 탈 수 있
taxi! / Isn't it a great idea? / A taxi company decided to make bicycle taxies
다! / 멋진 생각이 아닌가? / 한 택시 회사가 자전거 택시를 만들기로 결심했다
/ to protect our environment. / It can **carry** two people in the back. / It has
/ 우리의 환경을 보호하기 위해 / 그것은 뒷자리에 두 사람을 태울 수 있다 / 그것은
a small motor / that runs on batteries, / so we don't need a strong driver / to
작은 모터를 가지고 있다 / 배터리로 작동하는 / 그래서 우리는 강한 운전자가 필요하지 않다 /
pedal it. / There are three of these taxies in Seoul. / Keep your eyes **wide**
페달을 밟을 / 서울에 이런 택시가 세 대 있다 / 눈을 크게 뜨고 다녀라!
open! / **Make sure** you get a **chance** to ride one!
/ 꼭 한 번 타볼 기회를 잡아라!

2 Many people **fast** / at some time during their lives. / Why would someone
많은 사람들이 금식을 한다 / 그들의 인생에서 어느 때인가에 / 왜 어떤 이들은 금식을 결정할까?
decide to stop eating? / Some people **fast** / for **political reasons**. / Gandhi
/ 어떤 이들은 금식을 한다 / 정치적인 이유로 / 간디는 금식
fasted / to bring **attention** to his country's freedom. / Others **fast** for **religious**
을 했다 / 그의 나라의 자유에 관심을 끌어오려고 / 다른 이들은 종교적 이유로 금식을
reasons. / Muslims **fast** / during the month of Ramadan, / a **religious** holiday.
한다 / 이슬람교도들은 금식을 한다 / 라마단의 달 동안에 / 종교적인 휴일인
/ Others **occasionally fast** / just for health reasons. / Choosing to go without
/ 다른 이들은 때때로 금식을 한다 / 단지 건강상의 이유로 / 음식을 먹지 않고 지내기로 하는
food can be dangerous.
것은 위험할 수 있다

3 Here's good news / for ice cream lovers. / Recently, a healthy ice cream was
좋은 소식이 있다 / 아이스크림을 좋아하는 사람들에게 / 최근에, 건강에 좋은 아이스크림이 탄생
born / in India! / The new ice cream / is made from camel's milk. / Camel's
했다 / 인도에서 / 그 새 아이스크림은 / 낙타의 젖으로 만들어졌다 / 낙타의 젖
milk is very different / from cow's milk. / It has three times more vitamin C /
은 매우 다르다 / 소의 젖과는 / 그것은 비타민 C가 세 배 많다 /
than cow's milk / and is **rich** in iron and vitamin B. / The fat in camel's milk
소의 젖보다 / 그리고 철분과 비타민 B가 풍부하다 / 낙타의 젖에 있는 지방은
ice cream / is much lower / than that in **average** ice cream. / Many people in
/ 훨씬 낮다 / 보통의 아이스크림에 있는 지방보다 / 인도의 많은 사람들이
India / are enjoying camel's milk ice cream. / They think that camel's milk
/ 낙타 젖 아이스크림을 즐기고 있다 / 그들은 낙타 젖이 건강에 좋다고 생각한다
is healthy / because it can also help fight **diseases**.
/ 그것이 질병을 이겨내는 데 도움이 되기도 해서

4 According to a new study, / stress at home / can cause children to become
새 연구에 따르면 / 집에서의 스트레스는 / 아이들을 더 아프게 할 수 있다
sicker / than ones **brought up** in **stable** homes. / The researchers / studied the
/ 안정적인 집에서 자란 아이들보다 / 연구원들은 / 169명의 어린이
health of 169 children / aged 5 to 10. / They found / that children exposed
들의 건강을 조사했다 / 5세에서 10세까지의 / 그들은 밝혀냈다 / 가정 폭력에 노출된 아이들은
to family **violence** / **were** more **likely to** get illnesses / than kids from good
/ 병에 걸릴 확률이 보다 높다는 것을 / 건강한 가정의 아이들보다
homes. / Blood samples also showed / kids from bad families / had weaker
/ 혈액 샘플도 보였다 / 나쁜 가정의 아이들이 / 보다 약한 면역
immune systems / than kids from good families. / "Everyone knows / that
체계를 가졌음을 / 건강한 가정의 아이들보다 / "모두들 알고 있다 / 스트레
stress can make you sick, / but no one knew / how sick it made kids," said
스는 당신을 병들게 할 수 있음을 / 하지만 아무도 모른다 / 그것이 아이들을 얼마나 아프게 했는지."
Dr. Mary Caserta, / one of the researchers.
Mary Caserta 박사가 말했다 / 연구원 중의 한 사람인

Review Test DAY 06

A 영어는 우리말로, 우리말은 영어로 쓰시오.

1. political	______________	6. 질병	______________
2. expose	______________	7. 폭력	______________
3. reason	______________	8. 평균의, 보통의	______________
4. chance	______________	9. 안정적인	______________
5. attention	______________	10. 금식하다	______________

B 빈칸에 알맞은 말을 고르시오.

religious　　carry　　immune

1. Let me ____________ that box for you.
2. They are ____________ from punishment.
3. I don't share his ____________ belief.

C 우리말과 일치하도록 빈칸에 맞는 말을 쓰시오.

1. 그가 이것을 꼭 받아 적도록 해라.
   → (　　　　　　　　) he writes it down.

2. 아이를 키우는 일은 어렵기도 하면서 보람도 있다.
   → (　　　　　　　　) children is both difficult and rewarding.

3. 그 강은 폭이 500미터가 넘는다.
   → The river is more than 500 meters (　　　　　　　　).

Review Test 정답

A **1.** 정치적인 **2.** 노출하다 **3.** 이유 **4.** 기회 **5.** 주의, 관심 **6.** disease **7.** violence **8.** average **9.** stable **10.** fast
B **1.** carry **2.** immune **3.** religious
C **1.** Make sure **2.** Bringing up **3.** wide

DAY 07

blind
[blaind]

형 **눈먼, 장님의**

Rebecca was born **blind**.
Rebecca는 날 때부터 장님이었다.

board
[bɔːrd]

동 **탑승하다**

They **boarded** the train for Busan.
그들은 부산행 기차에 올라탔다.

continue
[kəntínjuː]

동 **계속하다**

Rebecca **continued** to work after she married.
Rebecca는 결혼 후에도 일을 계속했다.

deaf
[def]

형 **귀먹은**

He's a little **deaf** in one ear.
그는 한쪽 귀가 잘 안 들린다.

describe
[diskráib]

동 **묘사하다**

description 명 묘사

Please **describe** the lost dog to me.
잃어버린 개를 나한테 묘사해 봐.

directly
[diréktli]

부 **직접**

The two accidents are **directly** related.
그 두 사건은 직접적으로 연관되어 있다.

friendly
[fréndli]

형 **친절한**

friendliness 명 친절

The local people are **friendly** to tourists.
그 지역 사람들은 관광객들에게 친절하다.

guide
[gaid]

동 **안내하다**

guidance 명 안내

She **guided** us around the city.
그녀가 우리를 데리고 도시 여기저기를 안내했다.

land
[lænd]

동 **착륙하다**
↔ **take off** 이륙하다
The bird **landed** in a tree.
새가 나무에 앉았다.

last
[læst]

동 **지속되다**
The game **lasted** 100 minutes.
그 게임은 100분간 지속되었다.

match
[mæʧ]

동 **~와 일치하다**
We painted the door brown to **match** the roof.
우리는 지붕과 일치시키려고 문을 갈색으로 칠했다.

paste
[peist]

동 **붙이다**
A notice had been **pasted** to the door.
안내문이 문에 붙여졌다.

point
[pɔint]

동 **가리키다**
The boy **pointed** his finger at the moon.
그 소년은 손가락으로 달을 가리켰다.

proper
[prάpər]

형 **적절한**
properly 부 적절하게
It is not **proper** to speak that way.
그런 식으로 말하는 것은 적절하지 못하다.

stuff
[stʌf]

명 **물건**
I need a place to store my **stuff**.
나는 내 물건들을 보관할 장소가 필요하다.

superior
[səpíəriər]

형 **우월한**
↔ **inferior** 열등한 **superiority** 명 우월
Your camera is far **superior** to mine.
네 카메라가 내 것보다 훨씬 훌륭하다.

uncomfortable
[ʌnkʌ́mfərtəbl]

형 **불편한**

This chair is so **uncomfortable**.
이 의자 정말 불편하다.

접사 **un-** → 부정 또는 반대의 의미를 갖는다.
unskilled 기술이 없는 / **ungrateful** 감사할 줄 모르는

whole
[houl]

명 **전체**

The **whole** of the morning was wasted trying to find my glasses.
내 안경을 찾느라 아침이 통째로 날아가 버렸다.

as if 마치 ~처럼

Some of us talk to the blind in a loud voice **as if** they are deaf.
우리들 중 일부는 맹인들에게 말할 때 그들이 마치 귀가 먹은 양 큰 소리로 말한다.

bear in mind 명심하다

Bear in mind that there are people who need help.
도움이 필요한 사람들이 있음을 명심하라.

문맥으로 EXERCISE

• 끊어 읽기 표시에 맞춰 직독직해 연습을 하시오.

1 Chris just found some good **stuff** on the Web / for his science report about
Chris는 방금 인터넷에서 좋은 자료를 발견했다 / 그의 상어에 관한 과학 보고서를 위한
sharks. / Chris copies it and **pastes** it into his report. / He quickly changes
/ Chris는 그것을 복사해서 그의 보고서에 붙여넣기 한다 / 그는 재빠르게 폰트를 바꾼다
the font / so it **matches** the rest of the report / and **continues** his research.
/ 그래서 그것이 보고서의 나머지 것들과 일치하도록 / 그리고 그의 조사를 계속한다
/ Chris has just made a big mistake. / Do you know what he did? / He used
/ Chris는 방금 큰 실수를 저질렀다 / 그가 뭘 했는지 아는가? / 그는 다른
someone else's words or ideas / and tried to pass them off as his own. / It's
사람의 글과 생각을 사용했다 / 그리고 그것들이 자신의 것인 양 하려고 했다 / 그것
not allowed / in school and college, / so it's a good idea to learn the **proper**
은 허용되지 않는다 / 학교와 대학교에서 / 그래서 적절한 방법을 배우는 것이 좋다
way / to use resources, / such as websites, books, and magazines.
/ 자료를 사용하는 데 있어서 / 웹사이트, 책, 잡지와 같은

2 When we see a **blind** person nearing a door / or a street corner, / many times
우리는 맹인이 문 쪽으로 가는 걸 볼 때 / 또는 거리의 모퉁이로 / 우리는 종종 그
we try to help him or her / by opening the door / or **guiding** him or her
사람을 도우려한다 / 문을 열어줌으로써 / 또는 그 사람을 길 건너편까지 안
across the street. / But while we do that, / some of us talk to the blind person
내해줌으로써 / 하지만 우리가 그렇게 할 때 / 우리들 중 일부는 그 맹인에게 말을 한다
/ in a loud voice, / **as if** the blind person is also **deaf**. / Rushing to help a
/ 큰 목소리로 / 마치 그 맹인이 귀도 먹은 것처럼 / 맹인을 도우려고 성급히
blind person / without asking if that person needs help / and speaking loudly
행동하는 것 / 그 사람이 도움을 필요로 하는지 묻지 않고서 / 그리고 큰 소리로 말하는 것은
/ are not proper. / If you want to help a blind person, / you should **bear in**
/ 적절하지 않다 / 당신이 맹인을 돕고자 한다면 / 당신은 다음의 조언들을 명
mind the following tips.
심해야 한다

3 I traveled by air / for the first time last month. / I usually take short trips
나는 항공 여행을 했다 / 지난달에 처음으로 / 나는 보통 국내 여기저기를 짧게 여

around the country. / However, this was a long trip / because I was flying
행한다 / 하지만, 이번은 긴 여행이었다 / 내가 서울에서 뉴욕까지 날아

from Seoul to New York. / I felt very excited about the flying. / This feeling
갔으므로 / 나는 항공 여행이 매우 흥분되었다 / 이 감정은 오래

lasted a long time, / from the **boarding** to the **landing**. / It was exciting the
지속되었다 / 탑승할 때부터 착륙할 때까지 / 여행 전체가 흥분되었다

whole trip. / It was a clear day / and the view of the mountains, fields, and
/ 날씨가 좋았다 / 그래서 산, 들, 강의 풍경이 아름다웠다

rivers was beautiful. / The long flight was a little **uncomfortable** / because I
/ 긴 비행은 약간 불편했다 / 내가 돌아다닐

couldn't move around / in the airplane freely, / but I enjoyed the flight very
수 없었기 때문에 / 비행기 안에서 자유롭게 / 하지만 나는 그 비행을 한껏 즐겼다

much.

4 **Friendliness** and interest are expressed / when a person's eyes meet yours
친근함과 관심은 표현된다 / 한 사람의 눈이 당신의 눈과 마주칠 때

directly. / If someone looks away for a moment / and then back again, /
/ 만약 누군가가 잠시 딴 데를 보고 / 그런 다음 다시 돌아오면 /

the person is probably paying attention / to what you're saying. / If this
그 사람은 아마도 집중하고 있는 것이다 / 당신이 하는 말에 / 만약 이

person continues to look away / while you're talking, / he or she might not
사람이 계속 딴 데를 보면 / 당신이 말하고 있는 동안 / 그 사람은 아마도 관심이 없

be interested, / or could be shy. / People also use hand gestures / during
는 것이다 / 또는 수줍은 것일 수 있다 / 사람들은 손동작을 쓰기도 한다 / 대화 중에

conversations / to **describe** the size of something. / Finally, when someone
/ 뭔가의 크기를 묘사하려고 / 끝으로, 누군가가 당신을 계속해서

keeps **pointing** at you / while talking, / it could mean the person is angry /
가리킨다면 / 말을 하면서 / 그것은 그 사람이 화가 났음을 의미할 수 있다 /

or feels **superior** in some way.
또는 어떤 면에서 우월하다고 느끼는 것일 수도 있다

Review Test DAY 07

A 영어는 우리말로, 우리말은 영어로 쓰시오.

1. last	________	6. 안내하다	________
2. describe	________	7. 가리키다	________
3. friendly	________	8. 탑승하다	________
4. continue	________	9. 우월한	________
5. land	________	10. 적절한	________

B 빈칸에 알맞은 말을 고르시오.

directly blind stuff

1. I need a place to store my ________ .
2. Rebecca was born ________ .
3. The two accidents are ________ related.

C 우리말과 일치하도록 빈칸에 맞는 말을 쓰시오.

1. 도움이 필요한 사람들이 있음을 명심하라.
   → (   ) that there are people who need help.
2. 우리는 지붕과 일치시키려고 문을 갈색으로 칠했다.
   → We painted the door brown to (   ) the roof.
3. 우리는 맹인들에게 말할 때 그들이 마치 귀가 먹은 양 큰 소리로 말한다.
   → We talk to the blind in a loud voice (   ) they are deaf.

Review Test 정답

A **1.** 지속되다 **2.** 묘사하다 **3.** 친절한 **4.** 계속하다 **5.** 착륙하다 **6.** guide **7.** point **8.** board **9.** superior **10.** proper

B **1.** stuff **2.** blind **3.** directly

C **1.** Bear in mind **2.** match **3.** as if

DAY 08

annoying
[ənɔ́iiŋ]

형 **짜증나는**
annoyance 명 짜증
What's **annoying** is that I made the same mistake last time.
짜증스러운 것은 내가 같은 실수를 저번에도 했다는 것이다.

arrange
[əréindʒ]

동 **정리하다, 조직하다**
She **arranged** some fresh fruit neatly on a plate.
그녀는 쟁반에 신선한 과일들을 가지런히 정리했다.

block
[blak]

동 **막다**
An accident was **blocking** traffic.
사고가 교통의 흐름을 막고 있다.

build
[bild]

built, built 동 **짓다**
The bridge was **built** in the 1990s.
그 다리는 1990년대에 지어졌다.

collect
[kəlékt]

동 **모으다**
collection 명 수집
Gyumin **collects** teddy bears.
규민이는 곰 인형을 모은다.

complete
[kəmplí:t]

동 **완성하다**
completion 명 완성
The project took ten years to **complete**.
그 프로젝트는 완성하는 데 10년 걸렸다.

defeat
[difí:t]

동 **물리치다**
Admiral Lee **defeated** the enemy at sea.
이순신 장군은 적을 바다에서 물리쳤다.

design
[dizáin]

동 **설계하다**
A team of engineers **designed** the new engine.
기술 팀에서 새 엔진을 설계했다.

disappear
[dìsəpíər]

동 **사라지다**

The boys **disappeared** without a trace 30 years ago.
그 소년들은 30년 전에 흔적도 없이 사라졌다.

접사 **dis-** → '부정', '결핍', '반대'의 의미를 갖는다.
disarm 무장 해제하다 / **dis**assemble 모임을 해체하다 / **dis**honesty 정직하지 못함

drop
[drap]

동 **떨어지다**

The ball **dropped** from my hand.
공이 내 손에서 떨어졌다.

non-profit
[nànprάfit]

형 **비영리의**

He works for a **non-profit** educational institution.
그는 비영리 교육 기관에서 일한다.

polluted
[pəlú:tid]

형 **오염된**
pollution 명 오염

The river is seriously **polluted**.
그 강은 심각하게 오염되어 있다.

ruin
[rú:in]

동 **파괴하다, 망치다**
ruins 명 유적

The heavy rain **ruined** the party.
비가 억수같이 내려 파티를 망쳤다.

shelter
[ʃéltər]

명 **은신처**

He made a **shelter** from bamboo trees.
그는 대나무로 은신처를 만들었다.

sink
[siŋk]

sank, sunk 동 **가라앉다, 침몰하다**

The boat hit a rock and began to **sink**.
보트가 바위를 들이받아 가라앉기 시작했다.

slide
[slaid]

slid, slid 동 **미끄러지다**

The doors **slid** open.
문이 미끄러지듯 부드럽게 열렸다.

store
[stɔːr]

동 **저장하다**

storage 명 저장, 보관

The data was **stored** on a USB.
데이터가 USB에 저장되었다.

tourist
[túərist]

명 **관광객**

tourist attraction 관광 명소

The beautiful lake attracted a lot of **tourists**.
그 아름다운 호수는 수많은 관광객들을 모여들게 했다.

name after ~을 따라 이름 짓다

I **named** my baby **after** a writer.
나는 내 아기의 이름을 어느 작가 이름을 따서 지었다.

take up 자리를 차지하다

This desk **takes up** most of my room.
이 책상이 내 방의 대부분을 차지한다.

throw away 버리다

Don't **throw away** anything that might be useful.
유용할지도 모르는 것은 버리지 마라.

문맥으로 EXERCISE

• 끊어 읽기 표시에 맞춰 직독직해 연습을 하시오.

1 The Morning Glory Pool is a hot spring in Yellowstone National Park. / It
The Morning Glory Pool은 옐로우스톤 국립공원에 있는 온천이다 / 그것은
was named for its beautiful blue color / which was similar to the color of
그것의 아름다운 푸른색 때문에 이름지어졌다 / 그 푸른색은 나팔꽃의 색깔과 유사했다
the morning glory flower. / This popular **tourist** attraction, however, / has
/ 하지만, 이 인기 있는 여행 명소는 / 방문
been **polluted** by visitors / who threw coins into the pool. / Each coin has
객들에 의해 오염되었다 / 방문객들은 동전을 연못으로 던졌다 / 각 동전은 바닥의 작
blocked the small holes in the ground / which give the pool its heat. / The
은 구멍들을 막았다 / 그 구멍들은 연못에 열을 전했다 / 온천
temperature of the hot spring **dropped** / and different kinds of bacteria began
의 온도가 떨어졌다 / 그리고 다른 종류의 박테리아가 활동하기 시작했다
working. / It has created a red and yellow ring / around the blue center. /
/ 그것은 빨갛고 노란 띠를 생겨나게 했다 / 푸른 중앙 주변에 /
"Good luck" coins / thrown into the hot spring / have **ruined** one of nature's
"행운의" 동전들이 / 그 온천으로 던져진 / 자연의 경이 중의 하나를 망치고 말았다
wonders.

2 Items that have been **stored** in your house / for more than a year / are merely
당신의 집에 놓여 있는 물품들은 / 1년 넘게 / 그저 공간을 차
taking up space. / They only make it more difficult / to find the things you
지하고 있을 뿐이다 / 그것들은 더 어렵게 만들 뿐이다 / 당신이 필요한 물건을 찾는 것을
need. / So what can you do / with all those "way too good to **throw away**"
/ 그래서 당신이 할 수 있는 것이 무엇인가 / 그 모든 "버리기에는 너무 좋은" 것들을 가지고?
items? / There are many wonderful **non-profit** organizations / that can
/ 좋은 비영리 단체가 많이 있다 / 한 방법을 제
provide a way / to put those **annoying** items to good use. / This will allow
공할 수 있는 단체들 / 그런 성가신 물품들을 알차게 사용하도록 하는 / 이것은 당신에게 허용
you / the pleasure of knowing / your unused items are going to be used.
할 것이다 / 아는 기쁨을 / 당신의 사용하지 않은 물품들이 사용될 것임을
/ And that is pretty awesome.
/ 그리고 그것은 매우 멋진 일이다

3 There once was a king / who was **defeated** in a battle. / While he was
옛날에 왕이 있었다 / 전쟁에서 패한 / 그가 동굴에서 은신하
taking **shelter** in a cave / from his enemy, / he saw a spider. / It was trying
는 동안 / 그의 적으로부터 / 그는 거미를 봤다 / 그것은 거미집을
to make a spider web. / As it climbed up, / a thread in its web broke / and
지으려 하고 있었다 / 거미가 올라가다가 / 줄이 끊어졌다 / 그래서
it fell down. / But it did not give up. / It tried to climb again and again.
거미가 떨어졌다 / 하지만 거미는 포기하지 않았다 / 그것은 거듭 오르려 애썼다
/ Finally, the spider successfully **completed** the web. / The king thought, / "If
/ 마침내, 그 거미는 성공적으로 거미집을 완성했다 / 그 왕은 생각했다 / "작
a small spider can face failure so bravely, / why should I give up?" / Then,
은 거미가 실패에 저리도 용감하게 맞설 수 있다면 / 내가 왜 포기해야 하는가?" / 그러고
he **collected** his soldiers / and fought against his enemy / again and again. /
나서, 그는 그의 병사들을 모았다 / 그리고 적에 대항해 싸웠다 / 거듭해서 /
Finally, he regained his kingdom.
마침내, 그는 그의 왕국을 되찾았다

4 Off the coast of Dubai, / there are 300 man-made islands. / Since the islands
두바이 해안에 / 300개의 인공 섬이 있다 / 섬들이 지도처럼 보이도

were **arranged** to look like a map, / they were named "The World." / At one
록 설계가 되어 / 그것들은 "세계"라고 이름 지어졌다 / 한때, 그

time, they were a success of engineering. / Today, they can only be called
것들은 기술력의 성공이었다 / 오늘날, 그것들은 그저 실패로 불릴 수도 있다

a failure. / The islands were **designed** for expensive homes and hotels.
/ 그 섬들은 호화 주택과 호텔 용도로 설계되었다

/ Millionaires were invited to buy islands / **named after** countries. / When
/ 갑부들이 그 섬들을 사도록 초청되었다 / 그 섬들에는 나라 이름이 붙여졌다 / 그것들이

they were first built, / sand in the Gulf of Oman / was moved to **build** the
처음 지어졌을 때 / Oman의 만에 있는 모래가 / 그 섬을 짓기 위해 옮겨졌다

islands. / Today, the islands are **sinking** into the sea. / The builders did not
/ 오늘날, 그 섬들은 바다로 가라앉고 있다 / 건축가들은 예상하지 못했다

expect / the islands to **slide** into the sea. / They are now **disappearing**.
/ 그 섬들이 바다로 밀려들어가는 것을 / 섬들이 지금 사라지고 있다

Review Test DAY 08

A 영어는 우리말로, 우리말은 영어로 쓰시오.

1. block ____________
2. drop ____________
3. disappear ____________
4. slide ____________
5. annoying ____________
6. 가라앉다, 침몰하다 ____________
7. 모으다 ____________
8. 은신처 ____________
9. 완성하다 ____________
10. 파괴하다, 망치다 ____________

B 빈칸에 알맞은 말을 고르시오.

stored built polluted

1. The river is seriously ____________ .
2. The bridge was ____________ in the 1990s.
3. The data was ____________ on a USB.

C 우리말과 일치하도록 빈칸에 맞는 말을 쓰시오.

1. 유용할지도 모르는 것은 버리지 마라.
   → Don't (   ) anything that might be useful.
2. 이 책상이 내 방의 대부분을 차지한다.
   → This desk (   ) most of my room.
3. 그녀는 쟁반에 신선한 과일들을 가지런히 정리했다.
   → She (   ) some fresh fruit neatly on a plate.

Review Test 정답

A **1.** 막다 **2.** 떨어지다 **3.** 사라지다 **4.** 미끄러지다 **5.** 짜증나는 **6.** sink **7.** collect **8.** shelter **9.** complete **10.** ruin

B **1.** polluted **2.** built **3.** stored

C **1.** throw away **2.** takes up **3.** arranged

그림 단어 주방 동작

Spread

Squeeze

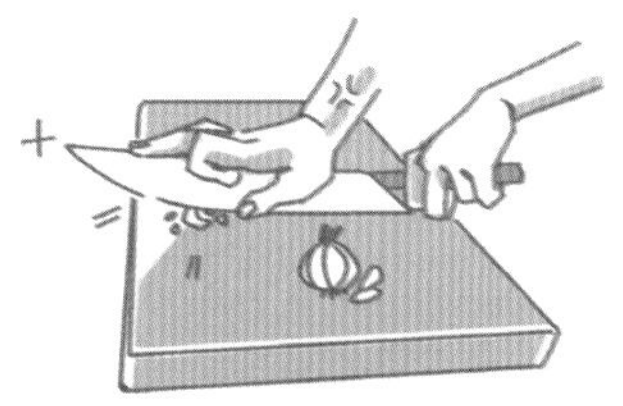

Crush

Stir

Sift

Sprinkle

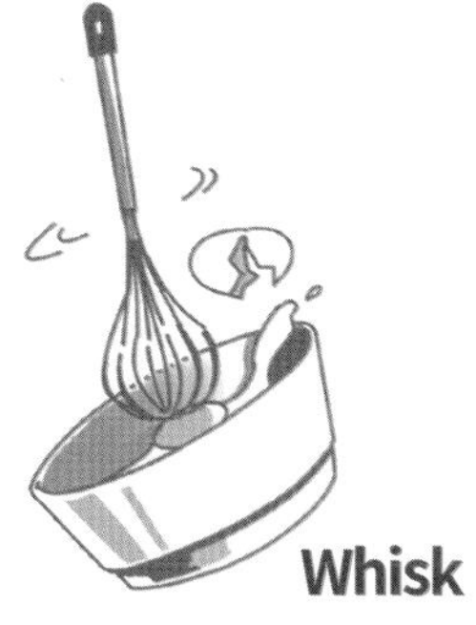

Whisk

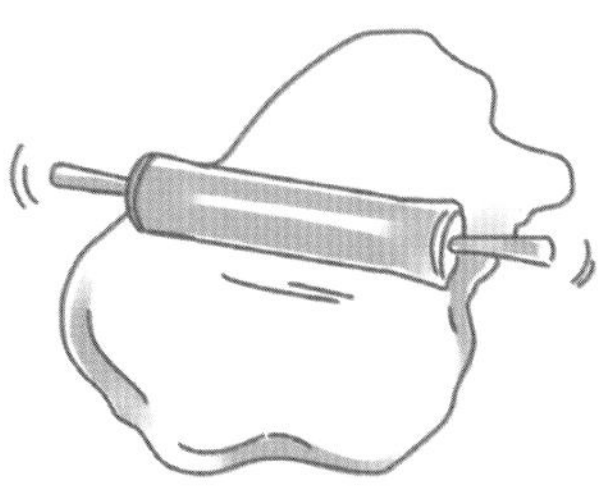

Roll

그림 단어 소리

Rustle

Crash

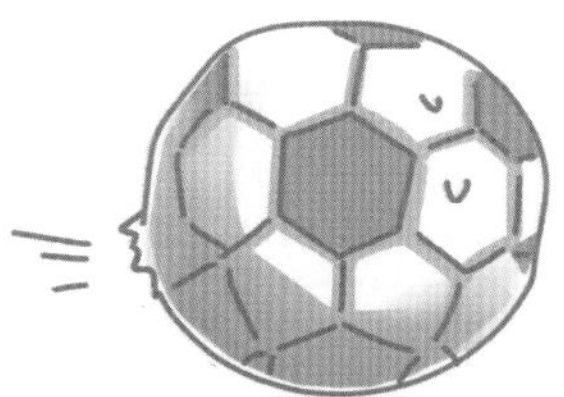
Hiss

Squeak

Creak

Splash

Tick

Sizzle

그림 단어 손 동작

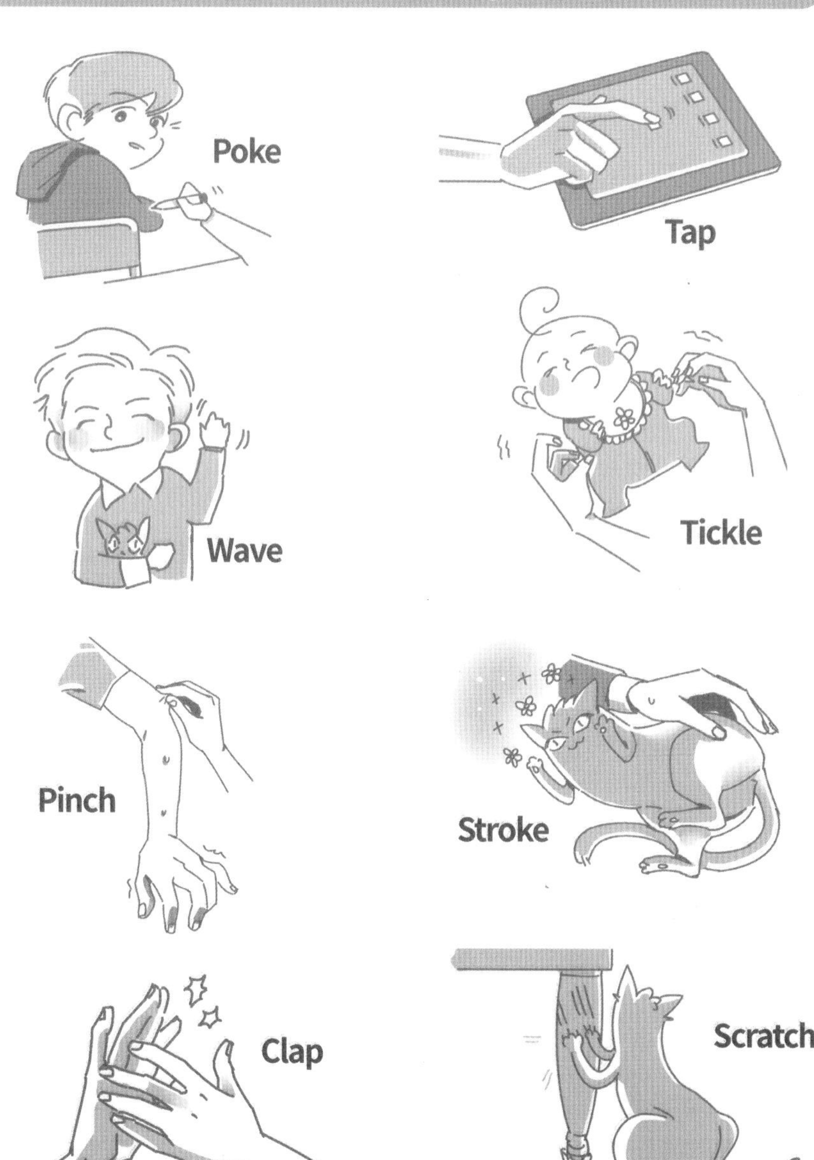
Poke
Tap
Wave
Tickle
Pinch
Stroke
Clap
Scratch

그림 단어 신체 동작

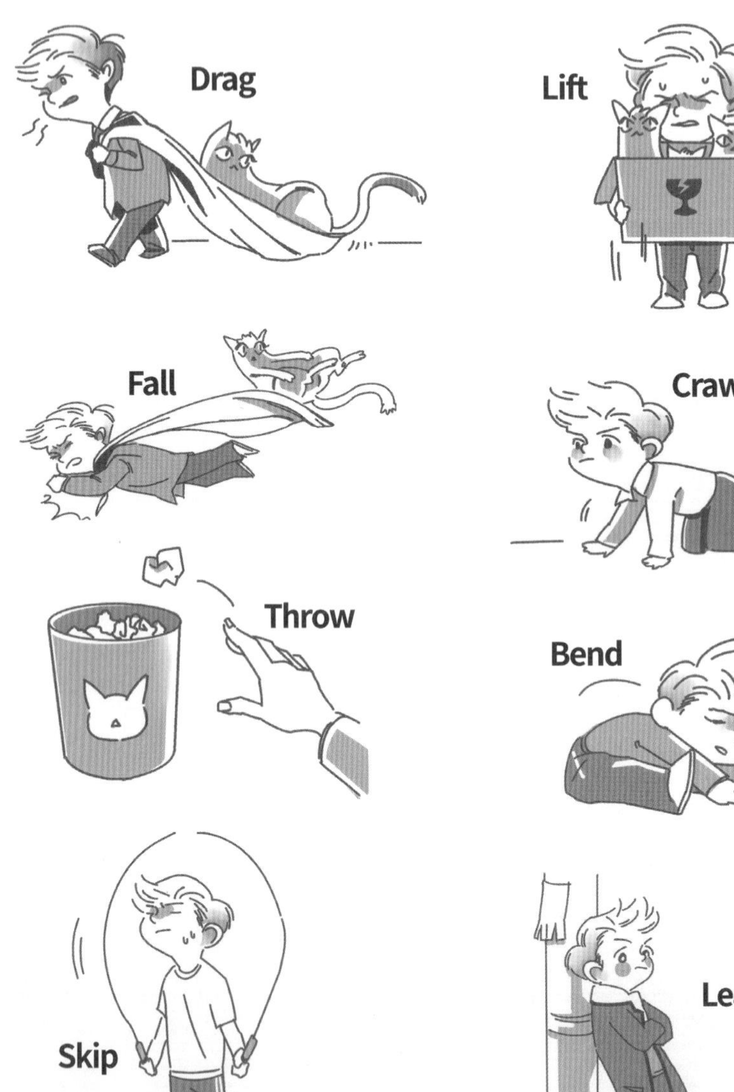
Drag
Lift
Fall
Crawl
Throw
Bend
Skip
Lean

PART

영어동화

DAY 09 - DAY 20

- 이솝이야기와 행복한 왕자 (The Happy Prince –Oscar Wilde)에서 발췌했습니다.
- 문학 작품을 통해 직독직해 연습으로 중등 고급 어휘를 익힙니다.

DAY 09 - DAY 10

admire
[ædmáiər]

㊐ **칭송하다, 감탄하다**
admirable ㊔ 칭송할만한
I looked out the window and **admired** the scenery.
나는 창밖을 보고 경치에 감탄했다.

adopt
[ədάpt]

㊐ **채택하다, 취하다**
adoption ㊕ 채택
She **adopted** a very aggressive attitude.
그녀는 매우 공격적인 태도를 취했다.

혼동어휘 adapt [ədǽpt] adapt는 '~에 적응하다'의 의미를 갖는다.
They are **adapting** to the new school.
그들은 새 학교에 적응하고 있다.

applaud
[əplɔ́:d]

㊐ **박수를 치다**
The audience **applauded** loudly.
청중은 큰 소리로 박수를 쳤다.

approach
[əpróutʃ]

㊕ **접근**
The cat made a cautious **approach**.
고양이가 조심스럽게 접근했다.

approve
[əprú:v]

㊐ **승인하다, 동의하다**
approval ㊕ 승인
They **approved** of my choice.
그들은 내 선택에 동의했다.

attack
[ətǽk]

㊕ **공격**
The **attack** began at dawn.
공격이 새벽에 시작되었다.

bite
[bait]

bit, bitten ㊐ **물다**
The hamster **bit** him.
햄스터가 그를 물었다.

disgrace
[disgréis]

㊕ **불명예**
He was forced to leave in **disgrace**.
그는 불명예스럽게 퇴출되었다.

ensure
[inʃúər]

동 **보장하다**

They did their best to **ensure** the safety of the passengers.
그들은 승객의 안전을 보장하기 위해 최선을 다했다.

excuse
[ikskjú:s]

명 **변명**

I'm tired of listening to your **excuses**!
네 변명을 듣는 것도 지겹다.

fasten
[fǽsn]

동 **꽉 묶다**

Fasten your seat belt.
안전벨트를 꽉 메라.

flock
[flak]

명 **무리**

There was a **flock** of small birds in the bush.
덤불에 작은 새들의 무리가 있었다.

fortune
[fɔ́ :rʧən]

명 **운**

fortunate 형 행운의

He had the good **fortune** to escape the car accident.
그는 운이 좋아 자동차 사고를 피했다.

grossly
[gróusli]

부 **엄청나게, 심하게**

She was **grossly** overweight.
그녀는 엄청나게 과체중이었다.

helpless
[hélplis]

형 **무력한, 의지할 데 없는**

Firefighters were **helpless** against the blaze.
소방관들은 화염 앞에서 무력했다.

imagine
[imǽdʒin]

동 **상상하다**

imagination 명 상상력

He **imagined** a world without poverty or war.
그는 가난이나 전쟁이 없는 세상을 상상했다.

immense
[iméns]

형 **무한한, 막대한**

The pressure on students during exam time can be **immense**.
시험 시간에 학생들에게 가해지는 압박감은 엄청날 수 있다.

insult
[insʌ́lt]

동 **모욕하다**

They have no right to **insult** us like that.
그들은 우리를 이렇게 모욕할 권리가 없다.

lay
[lei]

laid, laid 동 **(알을) 낳다**

The goose **laid** a golden egg every day.
그 거위는 매일 황금 알을 낳았다.

merit
[mérit]

명 **우수함, 장점**

Each plan has its **merits**.
각 계획이 나름의 장점을 가지고 있다.

metal
[métl]

명 **금속**

metallic 형 금속성의

The gate is made of **metal**.
그 대문은 금속으로 되어 있다.

pasture
[pǽstʃər]

명 **초원**

Most of their land is **pasture**.
그들 땅의 대부분이 초원이다.

plausible
[plɔ́:zəbl]

형 **그럴듯한**

He always come up with a **plausible** excuse.
그는 언제나 그럴듯한 핑계를 꾸며댄다.

precious
[préʃəs]

형 **귀중한**

Take this shortcut, and save your **precious** time.
이 지름길로 가서 당신의 소중한 시간을 절약하세요.

presence
[prézns]

명 **존재함**

present 형 출석하고 있는

Don't smoke in my **presence**!

내가 있을 때는 담배 피우지 마!

provided
[prəváidid]

접 **~한다면**

= **provided that**

He can join us, **provided** he pays for his own expense.

그가 자기 몫의 비용을 낸다면 우리와 함께 가도 좋다.

provoke
[prəvóuk]

동 **자극하다**

provocation 명 자극

The dog will not attack unless it is **provoked**.

그 개는 자극하지 않으면 공격하지 않을 것이다.

retort
[ritɔ́:rt]

동 **반박하다**

"It's not my fault!" she **retorted**.

"그건 내 잘못이 아냐!" 그녀가 반박했다.

reward
[riwɔ́:rd]

명 **상, 보상**

rewarding 형 보람 있는

A **reward** of 2 million won has been offered.

2백만원의 상금이 제공되었다.

secure
[sikjúər]

동 **확보하다, 안전하게 두다**

Secure your belongings under the seat.

소지품을 의자 밑에 안전하게 두세요.

snap
[snæp]

동 **톡톡 치다**

She **snapped** the twig in two.

그녀는 나무 가지를 톡 부러뜨렸다.

stray
[strei]

동 **딴 길로 들어서다**

The airplane **strayed** off course.

그 비행기는 항로를 벗어났다.

strut
[strʌt]

동 거만하게 걷다

Joe **struts** around like he owns the place.
Joe는 그곳이 자기 것인 양 거만하게 돌아다닌다.

taste
[teist]

동 맛보다

I've never **tasted** figs.
나는 무화과를 먹어본 적이 없다.

warn
[wɔːrn]

동 경고하다

warning 명 경고

He **warned** me not to go too close to the fire.
그는 내게 불에 너무 가까이 가지 말라고 경고했다.

wealth
[welθ]

명 부

wealthy 형 부유한

He gained **wealth** and power.
그는 부와 권력을 얻었다.

cast about for ~을 궁리하다, 찾다

He spent years **casting about for** a career before he opened his own restaurant.
그는 자신의 음식점을 열기 전까지 수년간 직업을 찾아 다녔다.

기억법 cast는 '던지다'의 의미로 물고기를 낚기 위해 낚시 줄을 여기저기 던지는 것을 연상하면 된다.

hit upon a plan 계획을 생각해내다

After some thought, he **hit upon a plan** which seemed a safe one.
생각을 좀 해보더니 그는 안전해 보이는 계획을 생각해냈다.

neither A nor B A도 아니고 B도 아니다

Neither he **nor** his son eats meat.
그도 그의 아들도 고기를 먹지 않는다.

used to 한때 ~했었다

He **used to** go to our school.
그는 한때 우리 학교에 다녔었다.

문맥으로 EXERCISE

• 끊어 읽기 표시에 맞춰 직독직해 연습을 하시오.

1 Once upon a time / all the Mice met together in Council, / and discussed
옛날에 / 모든 쥐들이 심의회에 모였다 / 그리고 그들 자신을
the best means of securing themselves / against the **attacks** of the cat.
보호하는 최고의 방법에 대해 토론했다 / 고양이의 공격으로부터
/ After several suggestions had been debated, / a Mouse of some standing
/ 여러 제안들이 토의된 이후에 / 뛰어나고 경험 많은 쥐가 일어서서 말했다
and experience got up and said, / "I think I have **hit upon a plan** / which
/ "제가 한 가지 계획을 생각해 냈습니다 / 그 계획은
will **ensure** our safety in the future, / **provided** you **approve** and carry it
앞으로 우리의 안전을 보장할 것입니다. / 여러분이 그것을 승인하고 수행한다면요
out. / It is that we should **fasten** a bell round the neck of our enemy the cat,
/ 그것은 우리가 우리의 적 고양이 목에 방울을 다는 것입니다
/ which will by its tinkling / **warn** us of her **approach**." / This proposal was
/ 그렇게 하면 딸랑딸랑 소리를 내게 해서 / 우리에게 고양이의 접근을 경고할 것입니다." / 이 제안은 뜨
warmly **applauded**, / and it had been already decided to **adopt** it, / when
거운 박수를 받았다 / 그리고 그것은 벌써 그렇게 하기로 결정이 내려졌다 / 그때
an old Mouse got upon his feet and said, / "I agree with you all that the plan
한 늙은 쥐가 일어나 말했다 / "저는 우리 앞의 계획이 칭찬할 만한 것이라는 데
before us is an **admirable** one: / but may I ask who is going to bell the cat?"
여러분 모두와 같은 의견입니다 / 하지만 누가 고양이에게 방울을 달지 물어봐도 되겠습니까?"

2 There was once a Dog / who **used to snap** at people / and **bite** them without
옛날에 개가 한 마리 있었다 / 그 개는 사람들을 툭툭 치곤 했다 / 그리고 놀리지 않는데도 사람들
any **provocation**, / and who was a great nuisance to every one / who came
을 물었다 / 그리고 모두에게 매우 성가신 존재였다 / 그 개의 주인을
to his master's house. / So his master **fastened** a bell round his neck / to
보러 오는 모두에게 / 그래서 그 개의 주인이 그 개의 목에 방울을 달았다 / 사
warn people of his **presence**. / The Dog was very proud of the bell, / and
람들에게 그 개의 존재를 알리려고 / 그 개는 그 방울이 몹시도 자랑스러웠다 / 그래
strutted about tinkling it / with **immense** satisfaction. / But an old dog
서 딸랑거리며 거들먹거리고 다녔다 / 대단히 만족스러워하며 / 하지만 한 늙은 개가 그
came up to him and said, / "The fewer airs you give yourself the better, my
개에게 다가와 말했다 / "스스로 덜 잘난 척하는 것이 좋겠어, 친구.
friend. / You don't think, do you, that your bell was given you as a **reward**
/ 자네는 정말로 그 방울을 잘해서 받은 것이라고 생각하지 않는가?
of **merit?** / On the contrary, / it is a badge of **disgrace**." / Notoriety is often
/ 그게 아니라 / 그것은 굴욕의 상징이야." / 악명은 종종 명성으로 오
mistaken for fame.
인된다

3 A Man and his Wife had the good **fortune** to possess a Goose / which **laid** a
한 남자와 그의 아내는 운 좋게도 거위를 소유했다 /그 거위는 황금알을
Golden Egg every day. / Lucky though they were, / they soon began to think
매일 낳았다 / 그들은 운이 좋았지만 / 그들은 곧 생각하기 시작했다
/ they were not getting rich fast enough, / and, **imagining** the bird must be
/ 그들이 충분히 빨리 부자가 되고 있지 않다고 / 그리고 그 새는 틀림없이 안쪽이 금으로 만들어
made of gold inside, / they decided to kill it / in order to **secure** the whole
져 있을 것이라고 상상하면서 / 그들은 그것을 죽이기로 결정했다 / 그 귀중한 금속을 통째로 차지하려고
store of **precious metal** / at once. / But when they cut it open / they found it
/ 즉시 / 하지만 그들이 그 배를 갈랐을 때 / 그것은 다른 보통
was just like any other goose. / Thus, they **neither** got rich all at once, / as
거위들과 똑같았다. / 그리하여 그들은 즉시 부자가 되지도 못했다 / 그들이 바랐던
they had hoped, / **nor** enjoyed any longer the daily addition to their **wealth**.
것처럼 / 하루하루 추가되는 그들의 부를 누리지도 못했다
/ Much wants more and loses all.
/ 지나치게 더 원하면 모든 것을 잃는다

4 A Wolf came upon a Lamb **straying** from the **flock**, / and felt some
늑대가 무리에서 떨어져 나와 떠도는 양을 덮쳤다 / 그리고는 약간의 가책

compunction / about taking the life of so **helpless** a creature / without some
을 느꼈다 / 너무도 힘없는 생명을 죽이는 것에 / 그럴듯한 구실도 없이

plausible excuse; / so he **cast about for** a grievance / and said at last, / "Last
/ 그래서 늑대는 불평할 구실을 찾아 머리를 굴렸다 / 그리고는 마침내 말했다 /

year, sirrah, you **grossly insulted** me." / "That is impossible, sir," / bleated
"작년에, 이 녀석아, 너는 나를 심하게 모욕했어." / "그건 불가능해요, 선생님." / 양이 말했다

the Lamb, / "for I wasn't born then." / "Well," **retorted** the Wolf, / "you
/ "그때 저는 태어나지 않았어요." / "음," 늑대가 반박했다 / "넌 내

feed in my **pastures**." / "That cannot be," replied the Lamb, / "for I have
초원에서 풀을 뜯잖아." / "그럴 리가 없어요." 양이 대꾸했다 / "전 풀을 먹어본

never yet **tasted** grass." / "You drink from my spring, then," / continued the
적이 없어요." / "그럼, 넌 내 연못에서 물을 마시잖아." / 늑대가 계속했다

Wolf. / "Indeed, sir," said the poor Lamb, / "I have never yet drunk anything
/ "정말로, 선생님," 양이 말했다 / "저는 엄마젖 말고는 아무것도 마신 적이 없어요."

but my mother's milk." / "Well, anyhow," said the Wolf, / "I'm not going
/ "음, 어쨌든" 늑대가 말했다 / "난 내 저녁을 그냥 두

without my dinner."
고 가지는 않을 거야."

Review Test DAY 09 - DAY 10

A 영어는 우리말로, 우리말은 영어로 쓰시오.

1. ensure	________	11. 모욕하다	________
2. retort	________	12. 그럴듯한	________
3. provided	________	13. 존재함	________
4. excuse	________	14. 초원	________
5. precious	________	15. (알을) 낳다	________
6. flock	________	16. 상상하다	________
7. stray	________	17. 자극하다	________
8. wealth	________	18. 금속	________
9. warn	________	19. 우수함, 장점	________
10. approach	________	20. 맛보다	________

B 빈칸에 알맞은 말을 고르시오.

bit	attack	applauded	grossly	disgrace

1. The audience ____________ loudly.
2. She was ____________ overweight.
3. The hamster ____________ him.
4. He was forced to leave in ____________.
5. The ____________ began at dawn.

C 우리말과 일치하도록 빈칸에 맞는 말을 쓰시오.

1. 생각을 좀 해보더니 그는 안전해 보이는 계획을 생각해냈다.
   → After some thought, ( ) which seemed a safe one.

2. 그는 한때 우리 학교에 다녔었다.
   → He ( ) go to our school.

3. 그도 그의 아들도 고기를 먹지 않는다.
   → ( ) he ( ) his son eats meat.

D 다음 우리말에 맞도록 영작하시오.

1. 그들은 그들이 충분히 빨리 부자가 되고 있지 않다고 생각했다.

2. 그녀는 자신의 아들이 무척 자랑스러웠다.

3. 그의 제안은 열렬히 환영받았다.

4. 나는 아직 그 음식을 먹어본 적이 없다.

Review Test 정답

A **1.** 보장하다 **2.** 반박하다 **3.** ~한다면 **4.** 변명 **5.** 귀중한 **6.** 무리 **7.** 딴 길로 들어서다 **8.** 부 **9.** 경고하다 **10.** 접근 **11.** insult **12.** plausible **13.** presence **14.** pasture **15.** lay **16.** imagine **17.** provoke **18.** metal **19.** merit **20.** taste

B **1.** applauded **2.** grossly **3.** bit **4.** disgrace **5.** attack

C **1.** hit upon a plan **2.** used to **3.** Neither, nor

D **1.** They thought they were not getting rich fast enough.
2. She was very proud of her son.
3. His proposal was warmly welcomed.
4. I have never yet eaten that food.

DAY 11 - DAY 12

boast
[boust]

㉠ **자랑하다**
= brag
Joe **boasted** that his daughter was a genius.
Joe는 자기 딸이 천재라고 자랑했다.

cemetery
[sémətèri]

명 **공동묘지**
The soldiers who died in the battle are buried in a **cemetery.**
전투에서 전사한 군인들이 공동묘지에 묻혀있다.

companion
[kəmpǽnjən]

명 **동료, 친구**
Her cat became her closest **companion**.
그녀의 고양이가 그녀의 가장 가까운 친구가 되었다.

consequence
[kɑ́nsəkwèns]

명 **결과**
The slightest error can have serious **consequences**.
매우 사소한 실수가 심각한 결과를 초래할 수 있다.

corpse
[kɔːrps]

명 **시체**
The **corpse** was found by the police in the woods.
그 시체는 경찰에 의해 숲에서 발견되었다.

desert
[dizə́ːrt]

동 **버리다**
Joe was **deserted** by his wife.
Joe는 부인에게 버림받았다.

혼동어휘 **dessert**와 **desert** '디저트'의 의미인 **dessert**는 철자는 다르지만 발음이 같다. 또 '사막'이라는 의미의 **desert** [dézərt]는 철자가 같고 발음이 다르다.

detect
[ditékt]

동 **탐지하다, 감지하다**
detective 명 탐정
She **detected** a change in his mood.
그녀는 그의 기분에 변화가 있음을 감지했다.

dispute
[dispjúːt]

동 **논쟁, 분쟁**
disputable 형 논의할 여지가 있는
The company is involved in a legal **dispute** with a rival company.
그 회사는 경쟁사와 법적 분쟁을 벌이는 중이다.

eminent
[émənənt]

형 저명한

He's an **eminent** professor.
그는 저명한 교수이다.

escape
[iskéip]

동 탈출하다

He **escaped** from prison in December.
그는 12월에 탈옥했다.

forefather
[fɔ́:rfa:ðər]

명 조상

= ancestor

Our **forefathers** established this nation.
우리 조상들이 이 나라를 세웠다.

접사 **fore-** → '앞의', '먼저의'라는 의미를 갖는다.
forewarn 미리 경고하다 / **fore**head 이마

frail
[freil]

형 연약한

His health became increasingly **frail**.
그의 건강은 점차 쇠약해졌다.

hurl
[hə:rl]

동 내동댕이치다, 집어던지다

Demonstrators are **hurling** bricks through the windows.
시위자들이 벽돌을 창문을 통해 집어던지고 있다.

industrious
[indʌ́striəs]

형 근면한

He is an **industrious** worker. 그는 근면한 직원이다.

혼동어휘 **industrial** [indʌ́striəl] industrial은 '산업의', '공업의'라는 의미이다.
By 1900 Britain was a mainly **industrial** society. 1900년까지 영국은 주로 산업 사회였다.

intense
[inténs]

형 심한

intensely 부 심하게, 몹시

The pain was **intense**.
통증이 매우 심했다.

lie
[lai]

명 거짓말

liar 명 거짓말쟁이

I always know when my son's telling **lies**.
나는 내 아들이 거짓말을 할 때 늘 알고 있다.

monument
[mánjumənt]

명 기념비

They have erected a **monument** in his honor.
그들은 그를 기리는 기념비를 세웠다.

nimble
[nímbl]

형 민첩한

Her **nimble** fingers made knitting look so easy.
그녀의 민첩한 손놀림이 뜨개질을 매우 쉬워보이게 만들었다.

observe
[əbzə́:rv]

동 관찰하다

observation 명 관찰

The patient must be **observed** constantly.
그 환자는 계속 지켜봐야 한다.

prepare
[pripέər]

동 준비하다

preparation 명 준비

The nurses **prepared** the patient for surgery.
간호사들이 그 환자의 수술 준비를 했다.

pretend
[priténd]

동 ~인 체하다

The kids **pretended** to be asleep.
아이들이 잠든체했다.

prove
[pru:v]

동 증명하다

I can **prove** that you are wrong.
네가 잘못되었음을 내가 증명할 수 있다.

servant
[sə́:rvənt]

명 하인

The rich family had **servants** to clean and cook for them.
그 부잣집은 청소를 하고 요리를 해줄 하인들이 있었다.

severe
[sivíər]

형 심각한, 심한

severely 부 심각하게

The storm caused **severe** damage.
태풍이 심각한 피해를 가져왔다.

sigh
[sai]

동 **한숨을 쉬다**
Neil stared out of the window and **sighed** deeply.
Neil은 창밖을 응시하면서 깊은 한숨을 쉬었다.

sniff
[snif]

동 **킁킁거리다**
The dog **sniffed** the floor.
개가 바닥에 대고 킁킁거렸다.

speechless
[spí:ʧlis]

형 **할 말을 잃은**
He was **speechless** with shock.
그는 충격에 할 말을 잃었다.

strength
[streŋkθ]

명 **힘**
Pull-ups increase upper body **strength**.
턱걸이는 상체의 힘을 키워준다.

stubborn
[stʌ́bərn]

형 **고집이 센**
He's too **stubborn** to admit his fault.
그는 너무 고집이 세서 자기의 잘못을 인정하지 않는다.

tear
[tɛər]

tore, torn 동 **찢다**
Be careful not to **tear** the paper.
종이를 찢지 않도록 조심해라.

thrifty
[θrífti]

형 **검소한**
They are hardworking, **thrifty** people.
그들은 부지런하고, 검소한 사람들이다.

uproot
[ʌprú:t]

동 **뿌리째 뽑다**
Many trees were **uprooted** by the storm.
많은 나무들이 태풍에 뿌리째 뽑혔다.

weather
[wéðər]

동 **이겨내다**

The small trees **weathered** the storm.
작은 나무들이 태풍을 이겨냈다.

whisper
[hwíspər]

동 **속삭이다**

"Never come back," she **whispered** in his ear.
"절대 돌아오지 마."라고 그녀가 그의 귀에 속삭였다.

wring
[riŋ]

wrung, wrung 동 **비틀다**

She **wrung** the towel and hung it up to dry.
그녀는 수건을 짜서 말리려고 걸어두었다.

yield
[ji:ld]

동 **양보하다, 숙이다**

The slender reeds **yielded** to every breeze.
가녀린 갈대들이 모든 미풍에도 고개를 숙였다.

as usual 평소처럼

As usual, she was wearing jeans.
평소처럼 그녀는 청바지를 입고 있었다.

hold one's breath 숨을 참다

The election was so close that I **held my breath** until the final results came out.
선거가 너무 박빙이어서 나는 결과가 나올 때까지 숨죽이고 있었다.

if it were not for ~만 아니라면

If it were not for the cock, they could sleep longer.
수탉만 아니라면 그들은 더 오래 잘 수도 있을 텐데.

manage to 가까스로 ~하다

They somehow **managed to** persuade her.
그들은 가까스로 그녀를 설득했다.

문맥으로 EXERCISE

• 끊어 읽기 표시에 맞춰 직독직해 연습을 하시오.

1 Two Travellers were on the road together, / when a Bear suddenly appeared
두 여행자가 함께 여행 중이었다 / 그때 곰이 갑자기 그 곳에 나타났다

on the scene. / Before he **observed** them, / one made for a tree at the side of
/ 곰이 그들을 발견하기 전에 / 한 명이 길가의 나무로 갔다

the road, / and climbed up into the branches and hid there. / The other was
/ 그리고는 나뭇가지로 올라가 거기에 숨었다 / 남은 한 명은 그의

not so **nimble** as his **companion**; / and, as he could not **escape**, / he threw
동료만큼 민첩하지 못했다 / 그래서, 그는 도망갈 수 없었기 때문에 / 자기 몸을

himself on the ground and **pretended** to be dead. / The Bear came up and
바닥에 던져 죽은 척했다 / 곰이 다가와 그의 주변을 온통 킁

sniffed all round him, / but he kept perfectly still / and **held his breath**: /
킁거렸다 / 하지만 그는 절대로 꼼짝하지 않았다 / 그리고 숨을 참았다 /

for they say that a bear will not touch a dead body. / The Bear took him for
사람들이 곰은 죽은 사람은 건드리지 않는다고들 하기 때문에 / 곰은 그를 시체로 생각했다

a **corpse**, / and went away. / When the coast was clear, / the Traveller in the
/ 그래서 가버렸다 / 상황이 종료되자 / 나무에 있던 그 여행자가

tree came down, / and asked the other / what it was the Bear had **whispered**
내려왔다 / 그리고 그에게 물었다 / 곰이 그에게 속삭인 것이 무엇이냐고

to him / when he put his mouth to his ear. / The other replied, / "He told
/ 곰이 주둥이를 그의 귀에 댔을 때 / 그가 대답했다 / "곰이 나에게

me never again to travel with a friend who **deserts** you at the first sign of
말하길, 위험이 처음 닥치자마자 친구를 버리는 친구랑은 다시는 여행하지 말래."

danger." / Misfortune tests the sincerity of friendship.
/ 어려움은 우정의 진실함을 알아보게 한다

2 A Fox and a Monkey were on the road together, / and fell into a **dispute** /
여우와 원숭이가 함께 여행 중이었다 / 그리고 논쟁을 시작했다 /

as to which of the two was the better born. / They kept it up for some time, /
둘 중 누가 더 신세가 좋은지에 대해서 / 그들은 한동안 계속 논쟁했다 /

till they came to a place / where the road passed through a **cemetery** full of
한 장소에 도달할 때까지 / 그 곳에서 도로는 비석들이 즐비한 공동묘지를 지났다

monuments, / when the Monkey stopped and looked about him / and gave
/ 그때 원숭이가 멈춰서 주변을 둘러봤다 / 그리고는 깊은

a great **sigh**. / "Why do you **sigh**?" said the Fox. / The Monkey pointed to
한숨을 쉬었다 / "왜 한숨이야?" 여우가 물었다 / 원숭이가 묘를 가리키며 대답했다

the tombs and replied, / "All the monuments that you see here / were put up in
/ "네가 보는 이 모든 비석들은 / 나의 조상들을 기리며

honour of my **forefathers**, / who in their day were **eminent** men." / The Fox
세워졌어 / 나의 조상들은 당시에 저명인사들이었지." / 여우는 잠깐

was **speechless** for a moment, / but quickly recovering he said, / "Oh! don't
할 말을 잃었다 / 하지만 재빨리 회복하고는 말했다 / "오! 거짓말을

stop at any lie, sir; you're quite safe: / I'm sure none of your ancestors will rise
멈추지 마세요, 선생님, 당신은 안전합니다 / 조상들 중 누구도 일어나 당신의 거짓을 폭로할 일은 없

up and expose you." / **Boasters** brag most / when they cannot be **detected**.
을 테니까요." / 자랑쟁이들은 가장 많이 자랑한다 / 진실을 들키지 않을 수 있을 때에

3 A Widow, **thrifty** and **industrious**, / had two **servants**, / whom she
검소하고 근면한 과부가 / 두 하인을 거느렸다 / 그녀는 그들을

kept pretty hard at work. / They were not allowed to **lie** long abed in the
심하게 부렸다 / 그들은 아침에 누워있는 것이 허용되지 않았고

mornings, / but the old lady had them up and doing as soon as the cock crew.
/ 그 나이든 여자는 닭이 울자마자 그들을 깨워 일을 시켰다

/ They disliked **intensely** / having to get up at such an hour, / especially in
/ 그들은 너무도 싫었다 / 그렇게 이른 시간에 일어나야 하는 것이 / 특히 겨울에

winter-time: and they thought that / **if it were not for** the cock waking up
그래서 그들은 생각했다 / 그들의 주인을 그토록 끔찍하게도 이른 시간에 깨우는

their Mistress so horribly early, / they could sleep longer. / So they caught
닭만 아니라면 / 그들은 더 길게 잘 수 있다고 / 그래서 그들은 그것을

it and **wrung** its neck. / But they weren't **prepared** for the **consequences**. /
잡아 목을 비틀었다 / 하지만 그들은 그 결과에 대해 준비가 되어 있지 못했다 /

For what happened was / that their Mistress, / not hearing the cock crow **as**
왜냐하면 일어난 일은 다음과 같았다 / 그들의 주인이 / 평소처럼 닭이 우는 소리를 듣지 못해서

usual, waked them up earlier than ever, / and set them to work in the middle
전보다 일찍 그들을 깨웠다 / 그리고 그들을 한밤중에 일하도록 만들었다

of the night.

4 An Oak that grew on the bank of a river was **uprooted** / by a **severe** gale of
강둑에서 자라던 떡갈나무의 뿌리가 뽑혔다 / 아주 거센 바람에 의해

wind, / and thrown across the stream. / It fell among some Reeds / growing
/ 그리고 개천으로 쓰러졌다 / 그것은 갈대들 속으로 떨어졌다 / 물가에서 자

by the water, / and said to them, / "How is it that you, / who are so **frail** and
라고 있던 / 그리고는 그들에게 말했다 / "어떻게 그게 너희들이지, / 아주 약하고 하늘하늘한 너희

slender, / have **managed to weather** the storm, / whereas I, / with all my
들 / 폭풍을 이겨낸 이들이 / 반면에 난 / 이렇게 강한 힘을

strength, have been **torn** up by the roots / and **hurled** into the river?" / "You
가지고도 뿌리까지 찢겼는데 / 그리고 강으로 내동댕이쳐지고?" / "당신은

were **stubborn**," / came the reply, / "and fought against the storm, / which
고집불통이었어요." / 대답이 왔다 / "그리고 폭풍에 대항해 싸웠어요 / 폭풍은

proved stronger than you: / but we bow and **yield** to every breeze, / and
당신보다 강한 것이 증명되었죠 / 하지만 우리는 모든 실바람에도 고개를 숙이고 양보를 해요 /

thus the gale passed harmlessly over our heads."
그래서 강풍이 해를 끼치지 않고 우리 머리 위로 지나갔죠."

Review Test DAY 11 – DAY 12

A 영어는 우리말로, 우리말은 영어로 쓰시오.

1. consequence	______	11. 한숨을 쉬다	______
2. frail	______	12. 기념비	______
3. desert	______	13. 하인	______
4. prove	______	14. 논쟁, 분쟁	______
5. eminent	______	15. 근면한	______
6. forefather	______	16. 관찰하다	______
7. companion	______	17. 검소한	______
8. escape	______	18. 심각한, 심한	______
9. pretend	______	19. 준비하다	______
10. boast	______	20. 킁킁거리다	______

B 빈칸에 알맞은 말을 고르시오.

intense   hurling   detected   speechless   nimble

1. She ______ a change in his mood.
2. Her ______ fingers made knitting look so easy.
3. Demonstrators are ______ bricks through the window.
4. He was ______ with shock.
5. The pain was ______ .

C 우리말과 일치하도록 빈칸에 맞는 말을 쓰시오.

1. 그들은 가까스로 그녀를 설득했다.
   → They somehow ( ) persuade her.

2. 평소처럼 그녀는 청바지를 입고 있었다.
   → ( ), she was wearing jeans.

3. 선거가 너무 박빙이어서 나는 결과가 나올 때까지 숨죽이고 있었다.
   → The election was so close that I ( ) until the final results came out.

D 다음 우리말에 맞도록 영작하시오.

1. 그들은 그 방에 들어가는 것이 허용되지 않았다.

2. 그는 도로가 공동묘지를 가로지르는 곳에 이르렀다.

3. 그는 나뭇가지들 속으로 기어 올라가 거기에 숨었다.

4. 강풍에 몇몇 나무들이 뿌리째 뽑혔다.

Review Test 정답

A 1. 결과 2. 연약한 3. 버리다 4. 증명하다 5. 저명한 6. 조상 7. 동료, 친구 8. 탈출하다 9. ~인 체하다 10. 자랑하다 11. sigh 12. monument 13. servant 14. dispute 15. industrious 16. observe 17. thrifty 18. severe 19. prepare 20. sniff

B 1. detected 2. nimble 3. hurling 4. speechless 5. intense

C 1. managed to 2. As usual 3. held my breath

D 1. They were not allowed to enter the room.
2. He came to a place where the road passed through a cemetery.
3. He climbed up into the branches and hid there.
4. Some trees were uprooted by a strong wind.

DAY 13 - DAY 14

address [ədrés]
동 ~에게 말하다
He turned to **address** the woman on his right.
그는 뒤돌아서 그의 오른쪽에 있는 여자에게 말을 걸었다.

bid [bid]
bade, bidden 동 명령하다
Do as I **bid** you.
내 명령대로 해.

bitterly [bítərli]
부 통렬히, 몹시
bitter 형 호된, 냉혹한
I was **bitterly** disappointed.
나는 몹시 실망했다.

bury [béri]
동 파묻다
burial 명 매장
She **buried** the money in the backyard.
그녀는 돈을 뒤뜰에 묻었다.

convince [kənvíns]
동 확신시키다, 설득하다
I couldn't **convince** her to stay.
나는 그녀가 머물도록 설득할 수 없었다.

delight [diláit]
동 기쁘게 하다, 즐겁게 하다
She is **delighting** audiences with her stories.
그녀는 이야기로 청중을 즐겁게 하고 있다.

desire [dizáiər]
동 갈망하다
desirable 형 바람직한
She **desired** to return to Busan.
그는 부산으로 돌아가기를 갈망했다.

determine [ditə́ːrmin]
동 결심하다
determination 명 결심
He **determined** to leave immediately.
그는 즉시 떠나기로 결심했다.

dig
[dig]

dug, dug 동 **파다**
The dog is **digging** in the garden.
그 개는 정원에서 땅을 파고 있다.

disgust
[disgʌ́st]

동 **역겹게 하다**
disgusting 형 역겨운
The photographs **disgust** some people.
그 사진들은 일부 사람들을 역겹게 한다.

feeble
[fíːbl]

형 **허약한**
enfeeble 동 허약하게 만들다
Her voice sounded **feeble**.
그녀의 목소리가 허약하게 들렸다.

feign
[fein]

동 **~인 체하다**
He **feigned** a headache to get out of a test.
그는 시험을 안 보려고 두통이 있는 척했다.

fetch
[fetʃ]

동 **가서 가져오다**
Go **fetch** my glasses from the bedroom.
침실로 가서 내 안경 좀 갖고 와라.

folly
[fάli]

명 **어리석음**
He said that the idea was **folly**.
그는 그 아이디어가 어리석다고 말했다.

footprint
[fútprìnt]

명 **발자국**
The child left his tiny **footprints** in the snow.
꼬마가 눈에 조그만 발자국을 남겼다.

gathering
[gǽðəriŋ]

명 **모임**
gather 동 모이다
I can't join you because of my family **gathering**.
가족 모임이 있어서 너희들과 함께 할 수 없다.

hand
[hænd]

동 **건네다**

She **handed** him a slip of paper.
그녀가 그에게 종이쪽지를 건넸다.

harmony
[hɑ́:rməni]

명 **조화**

harmonious 형 조화로운

They lived together in **harmony**.
그들은 조화롭게 함께 살았다.

hidden
[hídn]

형 **숨겨진**

hide 동 숨기다

Jason has recently showed **hidden** talents as an actor.
Jason이 최근에 배우로서의 숨겨진 재능을 보여줬다.

impart
[impɑ́:rt]

동 **건네주다, 전해주다**

She had information that she couldn't wait to **impart**.
그녀는 전해주고 싶어 안달 난 정보를 가지고 있었다.

inquire
[inkwáiər]

동 **묻다**

inquiry 명 문의

I am writing to **inquire** about your advertisement in The Weekly News.
귀하의 The Weekly News 광고에 대해 문의하고자 글을 씁니다.

match
[mætʃ]

명 **적수**

Jimmy was no **match** for the champion.
Jimmy는 챔피언에게 전혀 적수가 되지 못했다.

means
[mi:nz]

명 **방법, 수단**

The window was their only **means** of escape.
창문이 그들에게 유일한 탈출 수단이었다.

procure
[proukjúər]

동 **구하다**

She managed to **procure** a ticket to the concert.
그녀는 가까스로 그 콘서트 표를 구했다.

produce
[prədjúːs]

동 **산출하다, 생산하다**
Thousands of cars are **produced** here each year.
이곳에서 해마다 수천대의 차가 생산된다.

promotion
[prəmóuʃən]

명 **승격, 승진**
promote 동 승진시키다
There is little chance for **promotion** within the company.
그 회사에서는 승진의 기회가 거의 없다.

reproach
[ripróuʧ]

동 **나무라다**
He bitterly **reproached** the fox for leading him into danger.
그는 그를 위험으로 이끈 것에 대해 여우를 심하게 나무랐다.

reserve
[rizə́ːrv]

동 **남겨두다**
reservation 명 예약
A separate room is **reserved** for smokers.
흡연자들을 위한 별실이 남겨져 있다.

search
[səːrʧ]

명 **탐색, 수색**
Bad weather is preventing the **search** for survivors.
궂은 날씨가 생존자 수색을 방해하고 있다.

separate
[sépərèit]

동 **분리되다**
separation 명 분리
The pipe **separated** from the wall and broke.
파이프가 벽에서 분리되더니 부서졌다.

shortly
[ʃɔ́ːrtli]

부 **곧**
We're going to break for lunch **shortly**.
우리는 곧 점심 휴식을 할 것이다.

suppose
[səpóuz]

동 **가정하다, 상상하다**
I **suppose** it's too late to apply for that position now.
그 자리에 지금 지원하는 것은 너무 늦은 것 같다.

suspicion [səspíʃən]	명 **의심** **suspect** 동 의심하다 His story has raised some **suspicion**. 그의 이야기는 약간의 의심을 불러일으켰다.
thorough [θə́:rou]	형 **철저한** **thoroughly** 부 철저하게 The doctor gave him a **thorough** check-up. 의사는 그에게 철저한 검진을 실시했다.
treasure [tréʒər]	명 **보물** They went to the island to find the pirates' hidden **treasure**. 그들은 해적들의 숨겨진 보물을 찾기 위해 그 섬으로 갔다.
unite [ju:náit]	동 **연합하다** Students **united** to protest the tuition increase. 학생들이 등록금 인상에 항의하기 위해 연합했다.

at the mercy of ~의 마음대로, ~에 달려있는

The entire movie business is **at the mercy of** teenage moviegoers.
전체 영화 산업은 10대의 영화 관람객에 달려있다.

be taken in 속아 넘어가다

How could you **be taken in** by that scam?
어떻게 그런 사기에 속아 넘어갈 수 있니?

by force 강제로

The army took control of the region **by force**.
군대는 그 지역의 통제권을 강제로 장악했다.

have difficulty (in) -ing ~하는 데 어려움을 겪다

They **had** great **difficulty finding** a replacement.
그들은 후임자를 찾는 데 상당한 어려움을 겪었다.

in turn 차례로

All four of them shared the task of carrying water **in turn**.
네 명 모두 물을 나르는 일을 차례로 분담했다.

문맥으로 EXERCISE

• 끊어 읽기 표시에 맞춰 직독직해 연습을 하시오.

1 At a **gathering** of all the animals / the Monkey danced and **delighted**
모든 동물이 모인 자리에서 / 원숭이가 춤을 춰 그들을 매우 즐겁게 해서

them so much / that they made him their King. / The Fox, however, was
/ 그들은 원숭이를 그들의 왕으로 삼았다 / 하지만 여우는 원숭이가 왕위에 오

very much **disgusted** at the **promotion** of the Monkey: / so having one
른 것이 너무도 맘에 들지 않았다 / 그래서 하루는 고깃덩

day found a trap with a piece of meat in it, / he took the Monkey there and
이가 하나 들어 있는 덫을 발견하고는 / 여우가 원숭이를 거기로 데려가서 원숭이에

said to him, / "Here is a dainty morsel I have found, sire; / I did not take it
게 말했다 / "여기에 제가 발견한 별미가 있습니다, 전하 / 저는 이것을 먹지 않았

myself, / because I thought it ought to be **reserved** for you, our King. / Will
습니다 / 이것은 우리의 왕인 전하를 위해 남겨져야 한다고 생각했기 때문입니다. / 이것을

you be pleased to accept it?" / The Monkey made at once for the meat and
받아 주시겠습니까?" / 원숭이는 즉시 고깃덩이로 달려갔고 덫에 걸려들었다

got caught in the trap. / Then he **bitterly reproached** the Fox / for leading
/ 그러고 나서 그는 여우를 호되게 나무랐다 / 그를 위험으로

him into danger; / but the Fox only laughed and said, / "O Monkey, you call
이끈 것에 대해 / 하지만 여우는 그저 웃으면서 말했다 / "오 원숭아, 넌 너 자신을 동

yourself King of the Beasts / and haven't more sense than to **be taken in**
물의 왕이라고 부르지 / 그런데도 그런 것에 속을 정도로 분별력이 없구나!"

like that!"

2 A Farmer, being at death's door, / and **desiring** to **impart** to his Sons a
한 농부가 죽음을 앞두고 / 그리고 그의 아들들에게 많은 비밀의 순간들을 알려주
secret of much moment, / called them round him and said, / "My sons, I
고 싶어서 / 아들들을 곁에 불러놓고 말했다 / "아들들아, 나는
am **shortly** about to die; / I would have you know, therefore, / that in my
곧 죽는다 / 그래서 너희들에게 알리고자한다. / 나의 포도밭에는
vineyard there lies a **hidden treasure**. / **Dig**, and you will find it." / As soon
숨겨놓은 보물이 있단다. / 파보아라, 그러면 그것을 찾을 수 있을 것이다." /
as their father was dead, / the Sons took spade and fork and turned up the
그들의 아버지가 죽자마자 / 아들들은 삽과 쇠스랑을 들고 포도밭의 흙을 뒤집었다
soil of the vineyard / over and over again, / in their **search** for the **treasure** /
/ 몇 번이고 반복해서 / 보물을 찾아서 /
which they **supposed** to lie **buried** there. / They found none, however, / but the
그들이 거기에 묻혀 있다고 생각한 / 하지만 그들은 아무것도 찾지 못했다 / 하지만
vines, / after so **thorough** a digging, / **produced** a crop such as had never
포도는 / 하도 꼼꼼히 땅을 파서 / 전에 없던 수확을 하게 되었다
before been seen.

3 A certain man had several Sons / who were always quarrelling with one
어떤 남자에게 여러 아들이 있었다 / 아들들은 늘 서로 싸웠다
another, / and, try as he might, / he could not get them to live together in
/ 그리고 그의 갖은 노력에도 불구하고 그는 그들이 조화롭게 살도록 하지 못했다
harmony. / So he **determined** to **convince** them / of their **folly** / by the
/ 그래서 그는 그들에게 확신시키기로 결심했다 / 그들의 어리석음을 / 다음과 같
following **means**. / **Bidding** them **fetch** a bundle of sticks, / he invited each
은 방법으로 / 그들에게 막대기 한 다발을 가져오라고 한 다음 / 그는 한 명씩 차례로
in turn to break it across his knee. / All tried and all failed: / and then he
그 다발을 무릎에 대고 부러뜨리게 했다 / 모두 시도해봤지만 모두가 실패했다 / 그런 다음 그는
undid the bundle, / and **handed** them the sticks one by one, / when they **had**
그 다발을 풀었다 / 그리고는 그들에게 막대기를 하나씩 줬다 / 이번에는 그들이
no **difficulty** at all **in breaking** them. / "There, my boys," said he, "**united**
막대기를 부러뜨리는 데 전혀 어려움이 없었다 / "자, 아들들아," 그가 말했다, "뭉친 너희들은

you / will be more than a **match** for your enemies: / but if you quarrel and
/ 너희들의 적들과는 상대도 안 될 것이다. / 하지만 너희들이 싸우고 분산되면

separate, / your weakness will put you **at the mercy of** those who attack
/ 너희의 약점은 너희들의 운명을 너희들을 공격하는 자들의 손아귀에 놓아줄 것이다."

you." / Union is strength.
/ 화합은 힘이다.

4 A Lion, **enfeebled** by age and no longer able to **procure** food for himself
늙어서 힘이 없고 스스로 힘으로 먹이를 구할 수 없는 사자가

by force, / determined to do so by cunning. / Betaking himself to a cave,
/ 속임수로 먹이를 구하기로 결심했다 / 스스로 동굴 속으로 들어가

/ he lay down inside and **feigned** to be sick: / and whenever any of the other
/ 사자는 안쪽에 누워 아픈 척을 했다 / 그리고 다른 동물들이 들어올 때마다

animals entered / to **inquire** after his health, / he sprang upon them and
/ 그의 건강에 대해 물으려고 / 사자는 그들에게 달려들어 그들을 잡

devoured them. / Many lost their lives in this way, / till one day a Fox called
아 먹었다 / 많은 동물들이 이런 식으로 목숨을 잃었다 / 어느 날 여우가 동굴에 방문했을

at the cave, / and, having a **suspicion** of the truth, / **addressed** the Lion
때까지 / 그리고, 진실을 의심스러워하며 / 바깥에서 사자를 불렀다

from outside / instead of going in, / and asked him how he did. / He replied /
/ 안으로 들어가는 대신에 / 그리고 그가 어떤지 물었다 / 사자는 대답했다 /

that he was in a very bad way: / "But," said he, "why do you stand outside?
그는 매우 좋지 않다고 / "하지만," 사자가 말했다 "왜 너는 바깥에 서 있는 거냐?

/ Please come in." / "I should have done so," answered the Fox, / "if I hadn't
/ 어서 들어오너라." / "저도 그렇게 했겠죠," 여우가 대답했다 / "만약 제가 몰랐

noticed / that all the **footprints** point towards the cave / and none the other
다면요 / 모든 발자국이 동굴 안쪽으로만 향해있네요 / 그런데 반대쪽으로는 하나

way."
도 없고요."

Review Test DAY 13 – DAY 14

A 영어는 우리말로, 우리말은 영어로 쓰시오.

1. desire	____________	11. 결심하다	____________
2. reserve	____________	12. 조화	____________
3. impart	____________	13. 승격, 승진	____________
4. inquire	____________	14. 발자국	____________
5. fetch	____________	15. 보물	____________
6. reproach	____________	16. 탐색, 수색	____________
7. shortly	____________	17. 건네다	____________
8. suspicion	____________	18. 적수	____________
9. hidden	____________	19. 어리석음	____________
10. bury	____________	20. 파다	____________

B 빈칸에 알맞은 말을 고르시오.

bitterly convince disgust means united

1. The photographs ____________ some people.
2. I was ____________ disappointed.
3. Students ____________ to protest the tuition increase.
4. I couldn't ____________ her to stay.
5. The window was their only ____________ of escape.

C 우리말과 일치하도록 빈칸에 맞는 말을 쓰시오.

1. 전체 영화 산업은 10대의 영화 관람객에 달려있다.
   → The entire movie business is (   ) teenage moviegoers.
2. 군대는 그 지역의 통제권을 강제로 장악했다.
   → The army took control of the region (   ).
3. 그들은 대체자를 찾는 데 상당한 어려움을 겪었다.
   → They (   ) great (   ) a replacement.

D 다음 우리말에 맞도록 영작하시오.

1. 그는 곧 떠날 참이었다.
2. 생쥐 한 마리가 덫에 걸려들었다.
3. 그들은 조화롭게 함께 살았다.
4. 많은 야생동물들이 이런 식으로 목숨을 잃었다.

Review Test 정답

A **1.** 갈망하다 **2.** 남겨두다 **3.** 건네주다, 전해주다 **4.** 묻다 **5.** 가서 가져오다 **6.** 나무라다 **7.** 곧 **8.** 의심 **9.** 숨겨진 **10.** 파묻다 **11.** determine **12.** harmony **13.** promotion **14.** footprint **15.** treasure **16.** search **17.** hand **18.** match **19.** folly **20.** dig

B **1.** disgust **2.** bitterly **3.** united **4.** convince **5.** means

C **1.** at the mercy of **2.** by force **3.** had, difficulty finding

D **1.** He was shortly about to leave.
2. A mouse got caught in the trap.
3. They lived together in harmony.
4. Many wild animals lost their lives in this way.

DAY 15 - DAY 16

appearance [əpíərəns]
명 **모습, 외모**
appear 동 나타나다
We changed the **appearance** of the whole building.
우리는 건물 전체의 외관을 바꿨다.

arise [əráiz]
arose, arisen 동 **일어나다, 상승하다**
A conflict **arose** because of a misunderstanding.
오해 때문에 갈등이 생겨났다.

ashamed [əʃéimd]
형 **부끄러운, 치욕스러운**
You ought to be **ashamed**!
부끄러운 줄 알아!

autumn [ɔ́:təm]
명 **가을**
= fall
I met her in the **autumn** of last year.
나는 그녀를 작년 가을에 만났다.

bare [bɛər]
형 **벌거벗은**
It's better to do yoga in **bare** feet.
요가는 맨발로 하는 것이 낫다.

bear [bɛər]
bore, borne 동 **열매를 맺다, 꽃을 피우다**
The new stems **bore** the flowers.
새 줄기에 꽃이 피었다.

bend [bend]
bent, bent 동 **굽다, 굽히다**
He **bent** his head.
그가 고개를 숙였다.

besides [bisáidz]
부 **~외에도, 게다가**
They are studying other things **besides** English.
그들은 영어 외에도 다른 것들을 공부하고 있다.

blame
[bleim]

명 **비난**

Why should I always get the **blame** for his mistakes?
그의 잘못에 대해 왜 항상 내가 비난받아야 하죠?

calm
[ka:m]

형 **고요한**
calmly 부 평온하게

The seas were dead **calm**.
바다가 아주 고요했다.

claim
[kleim]

동 **주장하다**

He **claims** he is innocent.
그는 그가 결백하다고 주장하고 있다.

courage
[kə́:ridʒ]

명 **용기**
courageous 형 용감한

She doesn't have the **courage** to admit she was wrong.
그녀는 그녀가 틀렸음을 인정할 용기가 없다.

destruction
[distrʌ́kʃən]

명 **파괴**
destroy 동 파괴하다

The floods caused death and **destruction** to the area.
홍수가 그 지역에 죽음과 파괴를 초래했다.

divert
[divə́:rt]

동 **방향을 틀다**

Police **diverted** traffic to a side street.
경찰들이 교통을 갓길로 틀었다.

entice
[intáis]

동 **유혹하다, 꾀다**

I **enticed** him with more money.
나는 더 많은 돈으로 그를 매수했다.

flourish
[flə́:riʃ]

동 **번성하다**

Most plants **flourish** in this rich soil.
이 기름진 땅에서는 대부분의 식물들이 잘 자란다.

fury
[fjúəri]

명 **분노, 격분**

furious 형 격노한

He was speechless with **fury**.
그는 분노에 차서 말을 잊지 못했다.

harmless
[hɑ́:rmlis]

형 **해롭지 않은**

harmlessly 부 피해 없이

It was just a **harmless** joke.
그건 그냥 해롭지 않은 농담이었다.

journey
[dʒə́:rni]

명 **여행, 여정**

Have a safe **journey**!
안전한 여행 하세요!

lash
[læʃ]

동 **공격하다, 휘몰아치다**

Rain **lashed** the windows.
비가 창문으로 휘몰아쳤다.

natural
[nǽtʃərəl]

형 **자연스러운**

It's **natural** to feel nervous before a test.
시험 전에 긴장되는 것은 자연스러운 일이다.

persuade
[pərswéid]

동 **설득하다**

persuasion 명 설득

His dad **persuaded** him to go back to school.
그의 아버지는 그가 학교로 돌아가도록 설득했다.

prowess
[práuis]

명 **용맹**

He is famous for his **prowess** on the football field.
그는 축구 경기장에서 용맹하기로 유명하다.

remain
[riméin]

동 **~인 채로 남다**

The weather **remained** cold.
날씨는 계속 추웠다.

settle
[sétl]

동 정착하다, 자리 잡다

settlement 명 정착

He left the city and **settled** in the country.
그는 도시를 떠나 시골에 정착했다.

smooth
[smuːð]

형 부드러운, 매끄러운

The airplane made a **smooth** landing.
그 비행기는 부드럽게 착륙했다.

strangle
[strǽŋgl]

동 목을 조르다

The victim had been **strangled** with a belt.
희생자는 벨트로 목이 졸렸다.

struggle
[strʌ́gl]

명 투쟁

There was no sign of a **struggle**.
투쟁의 흔적은 전혀 없었다.

superior
[səpíəriər]

형 우월한

↔ inferior 열등한 superiority 명 우월

Your computer is far **superior** to mine.
너의 컴퓨터는 내 것보다 훨씬 우월하다.

surface
[sə́ːrfis]

명 표면

The **surface** of the log was rough.
그 통나무의 표면이 거칠거칠했다.

survive
[sərváiv]

동 생존하다

survival 명 생존

Three of the 100 passengers **survived**.
100명의 승객 중 3명이 생존했다.

taunt
[tɔːnt]

동 놀리다

The other girls **taunted** her about her weight.
다른 여자 아이들이 그녀의 몸무게로 그녀를 놀렸다.

tiresome
[táiərsəm]

형 피곤하게 하는, 귀찮은

Checking all the address labels was a **tiresome** task.
모든 주소 라벨을 점검하는 것은 피곤한 일이었다.

treachery
[trétʃəri]

명 배신

Your **treacheries** will never be forgiven.
너의 배신은 절대 용서받지 못할 것이다.

view
[vjuː]

명 관점

Everyone at the meeting had different **views**.
회의에서 모두들 다른 관점을 가졌다.

weight
[weit]

명 무게

His **weight** is 82kg.
그의 몸무게는 82kg이다.

be keen on ~에 열정적이다

I'**m** not too **keen on** going to New York.
나는 뉴욕에 가는 것을 그렇게까지 바라지는 않는다.

be worth -ing ~할 가치가 있다

It'**s worth checking** the details of the contract before you sign it.
계약서에 서명하기 전에 세부 조항들을 살펴보는 것은 가치가 있다.

fall asleep 잠들다

I **fell asleep** while reading the very dull book.
나는 아주 지루한 책을 읽다가 잠들어버렸다.

in the course of ~를 하는 중에

I learned **in the course of** the meeting that our department was being downsized.
회의를 하는 중에 나는 우리 부서가 축소될 것임을 알았다.

문맥으로 EXERCISE

• 끊어 읽기 표시에 맞춰 직독직해 연습을 하시오.

1 A fox once fell into a trap, / and after a **struggle** managed to get free, /
여우가 한번은 덫에 걸려들었다 / 그리고 안간힘을 써서 가까스로 빠져나왔다

but with the loss of his brush. / He was then so much **ashamed** of his
/ 하지만 복슬복슬한 꼬리를 잃었다 / 그때 그는 자신의 모습이 너무도 수치스러웠다

appearance / that he thought life **was not worth living** / unless he could
/ 그래서 그는 살아가는 것이 의미 없다고 생각했다 / 그가 다른 여우들을 설

persuade the other Foxes to part with their tails also, / and thus **divert**
득하여 그들의 꼬리도 떼어내게 하고 / 그래서 그가 꼬리가 없

attention from his own loss. / So he called a meeting of all the Foxes, / and
는 것에서 관심을 돌릴 수 없다면 / 그래서 그는 모든 여우들이 모이도록 회의를 소집했다 / 그리고

advised them to cut off their tails: / "They're ugly things anyhow," he said,
그리고 여우들에게 그들의 꼬리를 자를 것을 권했다 / "꼬리는 아무래도 흉측해." 그가 말했다

/ "and **besides** they're heavy, / and it's **tiresome** to be always carrying them
/ "그리고 또 꼬리는 무겁고, / 그리고 항상 끌고 다니기가 피곤하지."

about with you." / But one of the other Foxes said, / "My friend, if you
/ 하지만 여우들 중 하나가 말했다 / "친구야, 네가 너의 꼬리를

hadn't lost your own tail, / you wouldn't **be** so **keen on** getting us to cut off
잃지 않았다면 / 우리가 우리 것을 자르게 하려고 그토록 열성적이지는 않았겠지."

ours."

2 A Man and a Lion were companions on a **journey**, / and **in the course of**
한 남자와 사자가 함께 여행을 했다 / 그리고 대화 중에
conversation / they began to boast about their **prowess**, / and each **claimed**
/ 그들은 그들의 용맹함을 자랑하기 시작했다 / 그리고 각각은 상대보다
to be **superior** to the other / in strength and **courage**. / They were still
우월하다고 주장했다 / 힘과 용기에 있어서 / 그들은 여전히 열을 내며
arguing with some heat / when they came to a cross-road / where there was
언쟁을 하고 있었다 / 그때 그들은 교차로에 다다랐다 / 거기에는 한 남자가 사
a statue of a Man **strangling** a Lion. / "There!" said the Man triumphantly, /
자의 목을 조르는 조각상이 있었다 / "저기!" 남자가 의기양양하게 말했다 /
"look at that! / Doesn't that prove to you / that we are stronger than you?" /
"저걸 봐!" / 저게 너에게 증명하지 않니 / 우리가 너희들보다 강하다는 걸?" /
"Not so fast, my friend," said the Lion: / "that is only your **view** of the case.
"속단하지 말게, 친구." 사자가 말했다 / "저건 자네들의 관점일 뿐이야.
/ If we Lions could make statues, / you may be sure that in most of them you
/ 사자가 조각상을 만들 수 있다면 / 자네들은 대부분의 조각상에서 사람이 밑에 깔려 있는 것을
would see the Man underneath." / There are two sides to every question.
보게 될 것이 확실해." / 모든 질문에는 두 가지 측면이 있다

3 An Olive-tree **taunted** a Fig-tree / with the loss of her leaves / at a certain
올리브 나무가 무화과 나무를 놀렸다 / 잎을 떨구는 것에 대해서 / 연중 한 계절에
season of the year. / "You," she said, "lose your leaves every **autumn**, /
있어서 / "너는," 그녀가 말했다 "가을마다 잎을 떨구지, 그리고 봄이 올 때까지 벌거숭
and are **bare** till the spring: / whereas I, as you see, / **remain** green and
이잖아. / 하지만 너도 보시다시피 나는 푸르른 채로 남아 일 년 내내 싱싱
flourishing all the year round." / Soon afterwards there came a heavy fall
하다고." / 그 이후 곧 눈이 심하게 내렸다
of snow, / which **settled** on the leaves of the Olive / so that she **bent** and
/ 눈은 올리브 잎 위로 내려앉았다 / 그래서 그녀는 구부러지다가
broke under the **weight**; / but the flakes fell **harmlessly** / through the **bare**
그 무게에 눌려 부러졌다 / 하지만 눈송이들이 아무 피해 없이 내렸다 / 무화과나무의 벌거숭이
branches of the Fig, / which **survived** to **bear** many another crop.
가지 사이로는 / 무화과나무는 살아남아 또 다른 무화과들을 많이 맺었다

4 A Shipwrecked Man cast up on the beach / **fell asleep** / after his **struggle**
난파당해 해변으로 쓸려온 남자가 / 잠이 들었다 / 파도와 사투를 벌인 후에

with the waves. / When he woke up, / he bitterly reproached the Sea / for
/ 그가 깼을 때 / 그는 바다를 심하게 나무랐다 / 바다

its **treachery** / in **enticing** men with its **smooth** and smiling **surface**, / and
의 배반에 대해 / 그 부드럽고 미소 짓는 표면으로 사람들을 유혹하고 / 그런

then, / when they were well embarked, / turning in **fury** upon them / and
다음 / 그들이 완전히 항해를 시작했을 때 / 노도가 되어 그들을 덮치며 / 배도

sending both ship and sailors to **destruction**. / The Sea **arose** in the form
선원도 파괴시키는 / 바다가 여인의 모습으로 올라와 대답했다

of a woman, and replied, / "Lay not the **blame** on me, O sailor, / but on the
/ "나를 비난하지 말아요. 오 선원이여. / 차라리 바람을

Winds. / By nature I am as **calm** and safe as the land itself: / but the Winds
탓하세요. / 천성적으로 난 땅만큼이나 고요하고 안전하답니다. / 하지만 바람이 그들

fall upon me with their gusts and gales, / and **lash** me into a **fury** / that is
의 돌풍과 폭풍으로 내게 내려앉죠. / 그리고 나를 격노하게 몰아붙이죠 / 격노는 내

not **natural** to me."
본성이 아니랍니다."

Review Test DAY 15 - DAY 16

A 영어는 우리말로, 우리말은 영어로 쓰시오.

1. struggle	________	11. 번성하다	________
2. superior	________	12. 해롭지 않은	________
3. journey	________	13. 표면	________
4. autumn	________	14. 생존하다	________
5. claim	________	15. 비난	________
6. taunt	________	16. 분노, 격분	________
7. bend	________	17. 관점	________
8. treachery	________	18. 파괴	________
9. appearance	________	19. 무게	________
10. bare	________	20. 용기	________

B 빈칸에 알맞은 말을 고르시오.

calm diverted arose natural remained

1. Police ____________ traffic to a side street.
2. It's ____________ to feel nervous before a test.
3. The seas were dead ____________.
4. The weather ____________ cold.
5. A conflict ____________ because of a misunderstanding.

C 우리말과 일치하도록 빈칸에 맞는 말을 쓰시오.

1. 회의를 하는 중에 나는 우리 부서가 축소될 것임을 알았다.
   → I learned (   ) the meeting that our department was being downsized.

2. 나는 아주 지루한 책을 읽다가 잠들어버렸다.
   → I (   ) while reading the very dull book.

3. 그들은 영어 외에도 다른 것들을 공부하고 있다.
   → They are studying other things (   ) English.

D 다음 우리말에 맞도록 영작하시오.

1. 그 나무는 가을이 되면 잎을 떨군다.

2. 사자가 사슴을 쫓는 조각상이 있었다.

3. 그 여우는 다른 여우들에게 꼬리를 자르라고 조언했다.

4. 선원들은 파도와 사투를 벌인 후 잠이 들었다.

Review Test 정답

A **1.** 투쟁 **2.** 우월한 **3.** 여행, 여정 **4.** 가을 **5.** 주장하다 **6.** 놀리다 **7.** 굽다 **8.** 배신 **9.** 모습, 외모 **10.** 벌거벗은 **11.** flourish **12.** harmless **13.** surface **14.** survive **15.** blame **16.** fury **17.** view **18.** destruction **19.** weight **20.** courage

B **1.** diverted **2.** natural **3.** calm **4.** remained **5.** arose

C **1.** in the course of **2.** fell asleep **3.** besides

D **1.** The tree loses its leaves every autumn.
2. There was a statue of a lion chasing a deer.
3. The fox advised the other foxes to cut off their tails.
4. The sailors fell asleep after their struggle with the waves.

DAY 17 - DAY 18

aid
[eid]

명 **보조, 지원**

He teaches art with visual **aids**.
그는 시각 보조 자료를 활용해 미술을 가르친다.

apart
[əpɑ́:rt]

부 **따로따로**

I'm unhappy when we're **apart**.
우리가 따로따로일 때 나는 불행하다.

assistance
[əsístəns]

명 **도움, 협조**

assist 동 협조하다

We offer financial **assistance** to students.
우리는 학생들에게 재정적 도움을 제공한다.

capture
[kǽptʃər]

동 **포획하다, 사로잡다**

The show has **captured** the attention of teenagers.
그 쇼는 십대들의 관심을 사로잡았다.

cease
[si:s]

동 **멈추다**

The factory **ceased** operations two years ago.
그 공장은 2년 전에 가동을 멈췄다.

combatant
[kəmbǽtənt]

명 **전사, 참전국**

Britain was a main **combatant** in World War II.
영국은 2차 세계대전의 주요 참전국이었다.

deep
[di:p]

부 **깊숙이**

We walked **deep** into the forest.
우리는 숲속으로 깊이 걸어갔다.

delay
[diléi]

동 **지연시키다**

Our meeting was **delayed** for two hours.
우리의 회의가 2시간 지연되었다.

departure
[dipɑ́:rtʃər]

명 **출발, 떠남**

depart 동 떠나다

What is your time of **departure**?
떠나는 시간이 언제죠?

distrust
[distrʌ́st]

명 **불신**

He has a **distrust** of doctors.
그는 의사들을 불신한다.

except
[iksépt]

부 **~를 제외하고**

This library is open every day **except** Mondays.
이 도서관은 월요일만 빼고 문을 연다.

exhausted
[igzɔ́:stid]

형 **지친**

I was **exhausted** by the journey.
나는 여행으로 지쳤다.

extremely
[ikstrí:mli]

부 **극도로**

extreme 형 극도의

Earthquakes are **extremely** difficult to predict.
지진은 예측하기가 극도로 어렵다.

fierce
[fiərs]

형 **격렬한**

He was killed in a **fierce** battle.
그는 격렬한 전투에서 전사했다.

gasp
[gæsp]

동 **숨을 헐떡이다**

She was **gasping** for air.
그녀는 공기가 부족해 숨을 헐떡이고 있었다.

goad
[goud]

동 **몰아붙이다**

He tried to **goad** me into auditioning for the play.
그는 나를 몰아붙여 그 연극의 오디션을 보게 했다.

graze
[greiz]

동 **풀을 뜯어 먹다**

Cattle are **grazing** on the rich grass.
소들이 무성히 자란 풀을 뜯고 있다.

grow
[grou]

동 **점점 ~해지다**

The sound was **growing** louder.
소리가 점점 커지고 있었다.

interval
[íntərvəl]

명 **간격**

There was a three-month **interval** between jobs.
직장을 새로 잡기까지 3개월의 간격이 있었다.

jealousy
[dʒéləsi]

명 **질투심**

jealous 형 시샘하는

She was unable to control her **jealousies**.
그녀는 자신의 질투심을 통제할 수 없었다.

lift
[lift]

동 **들어 올리다**

She **lifted** a bucket of water.
그녀는 물 한 양동이를 들어올렸다.

load
[loud]

명 **짐**

She lifted the **load** onto her shoulders.
그녀는 짐을 자신의 어깨에 올렸다.

long
[lɔːŋ]

동 **갈망하다**

She **longed** to see her friends again.
그녀는 그녀의 친구들을 다시 보기를 갈망했다.

malicious
[məlíʃəs]

형 **악의 있는**

malice 명 악의

Who is responsible for these **malicious** rumors?
이런 악성 루머에 책임이 있는 자는 누구인가?

meadow
[médou]

명 초원
There were cows in the **meadow**.
초원에 소들이 있었다.

mind
[maind]

동 꺼리다, 싫어하다
Don't your parents **mind** you staying out so late?
너의 부모님은 네가 그렇게 늦게까지 바깥에 있는 것을 싫어하시지 않니?

mire
[maiər]

명 수렁, 늪지
The troops marched through the **mire**.
그 부대는 늪지를 통과해 행군했다.

muddy
[mʌ́di]

형 진흙투성이의
mud 명 진흙
Take your boots off outside—they're **muddy**.
부츠를 바깥에서 벗어라. 부츠가 진흙투성이다.

objection
[əbdʒékʃən]

명 반대, 반대의 이유
object 동 반대하다
Her **objection** was that he was too young.
그녀가 반대하는 이유는 그가 너무 어리다는 것이었다.

possession
[pəzéʃən]

명 소유
posess 동 소유하다
That information is not in our **possession**.
그 정보는 우리가 확보하고 있지 않다.

prowl
[praul]

동 배회하다
Some teenagers were **prowling** the streets.
청소년 몇 명이 거리에서 배회하고 있었다.

residence
[rézədəns]

명 거처, 주택
resident 명 거주자
The building is partly a museum and partly a private **residence**.
그 빌딩은 일부는 박물관이고 일부는 주택이다.

seize
[si:z]

동 **잡다**

He **seized** her by the arm.
그는 그녀의 팔을 잡았다.

strategy
[strǽtədʒi]

명 **전략**

She tried various **strategies** to get the cat into the carrier.
그녀는 고양이를 운반상자에 들어가게 하려고 여러 가지 시도를 해봤다.

trouble
[trʌ́bl]

동 **괴롭히다**

troublesome 형 성가신

I'm sorry to **trouble** you.
귀찮게 해서 죄송합니다.

unpleasant
[ʌnplézənt]

형 **불쾌한**

There was an **unpleasant** smell coming from the basement.
지하에서 불쾌한 냄새가 나오고 있었다.

wounded
[wú:ndid]

형 **부상당한**

He couldn't move his **wounded** arm.
그는 부상당한 팔을 움직일 수 없었다.

at length 마침내

At length we arrived at our destination.
마침내 우리는 목적지에 도착했다.

get used to ~에 익숙해지다

Is he **getting used to** his new job?
그가 그의 새 직장에 익숙해지고 있니?

no sooner A than B A하자마자 B하다

No sooner had we set off **than** we realized we'd left the dog behind.
우리는 출발하자마자 우리가 개를 두고 온 것을 깨달았다.

문맥으로 EXERCISE

• 끊어 읽기 표시에 맞춰 직독직해 연습을 하시오.

1 A Waggoner was driving his team / along a **muddy** lane / with a full **load**
마부가 그의 팀을 이끌고 가고 있었다 / 진흙탕의 길을 / 뒤에 짐을 가득 싣고는
behind them, / when the wheels of his waggon sank so **deep** in the **mire** /
/ 그때 마차의 바퀴가 진흙탕에 너무 깊숙이 빠졌다 /
that no efforts of his horses could move them. / As he stood there, / looking
그래서 그의 말들이 아무리 애를 써도 꿈쩍도 하지 않았다 / 그가 거기에 서 있었다 / 어쩔 도리
helplessly on, / and calling loudly at **intervals** upon Hercules for **assistance**,
없이 계속 / 그리고 가끔 헤라클래스에게 큰 소리로 도와달라고 외치며
/ the god himself appeared, and said to him, / "Put your shoulder to the
/ 신이 직접 나타나서 그에게 말했다 / "너의 어깨에 바퀴를 받쳐라.
wheel, man, / and **goad** on your horses, / and then you may call on Hercules
/ 그런 다음 너의 말들을 몰아라. / 그런 다음 헤라클래스에게 도와달라고 요청해 보
to **assist** you. / If you won't **lift** a finger to help yourself, / you can't expect
거라. / 스스로 도우려 손가락 하나 까딱하지 않으려고 한다면 / 너는 기대할 수 없다
/ Hercules or any one else to come to your **aid**." / Heaven helps those who
/ 헤라클래스나 다른 어떤 이도 너를 도우러 오기를." / 하늘은 스스로 돕는 자를 돕는다.
help themselves.

2 A Lion and a Bear were fighting / for **possession** of a kid, / which they had
사자와 곰이 싸우고 있었다 / 한 아기를 차지하려고 / 그 아기는 그 둘이 동
both **seized** at the same moment. / The battle was long and **fierce**, / and **at**
시에 잡은 것이었다 / 그 싸움은 길고 격렬했다 / 그리고 마
length both of them were **exhausted**, / and lay upon the ground / severely
침내 둘 다 지쳤다 / 그래서 땅바닥에 누웠다 / 심하게 상처
wounded and **gasping** for breath. / A Fox had all the time been **prowling**
입고 숨을 헐떡이면서 / 여우가 계속 어슬렁거리면서 지켜보고 있었다
round / and watching the fight: / and when he saw the **combatants** lying
/ 싸움을 지켜보면서 / 그리고 싸움꾼들이 거기에 눕는 것을 보고
there / too weak to move, / he slipped in and **seized** the kid, / and ran off
/ 움직일 수 없을 정도로 약해져서 / 여우는 슬며시 끼어들어 아이를 차지했다 / 그리고는 아기를
with it. / They looked on helplessly, / and one said to the other, / "Here
가지고 도망갔다 / 그들은 망연자실해서 바라봤다 / 그리고 하나가 다른 하나에게 말했다 / "여기서
we've been mauling each other all this while, / and no one the better for it
우리는 지금껏 서로 생채기를 내며 싸우고 있었지 / 그런데 이득을 본 자는 여우 말고는 없네!"
except the Fox!"

3 A Rich Man took up his **residence** next door to a Tanner, / and found the
부유한 남자가 무두장이 집 옆에 거처를 정했다 / 그리고 무두 공장의
smell of the tan-yard so **extremely unpleasant** / that he told him he must
냄새가 너무 역겹다고 생각했다 / 그래서 그는 무두장이에게 떠나라고
go. / The Tanner **delayed** his **departure**, / and the Rich Man had to speak to
했다 / 무두장이는 그의 이사를 지연시켰다 / 그래서 그 부유한 남자는 그것에 대해 그에게 여
him several times about it; / and every time the Tanner said / he was making
러 번 말해야 했다 / 그리고 매번 그 무두장이는 말했다 / 그는 곧 떠날 준비를
arrangements to move very shortly. / This went on for some time, / till at
하고 있다고 / 이 상황이 한동안 지속되었다 / 마침내
last the Rich Man **got so used to** the smell / that he **ceased** to **mind** it, / and
그 부유한 남자가 그 냄새에 아주 익숙해 질 때까지 / 그래서 그는 그것을 신경 쓰지 않게 되었다 /
troubled the Tanner with his **objections** no more.
그리고 무두장이를 그의 혐오감으로 더 이상 괴롭히지 않았다

4 Three Bulls were **grazing** in a **meadow**, / and were watched by a Lion,
세 마리 황소가 초원에서 풀을 뜯고 있었다 / 그리고 그것을 사자가 바라보고 있었다
/ who **longed** to **capture** and devour them, / but who felt that he was no
/ 사자는 그것들을 잡아먹고 싶었다 / 하지만 사자는 그 세 마리와는 상대가 되
match for the three / so long as they kept together. / So he began by false
지 않을 것 같았다 / 그들이 함께 있는 한 / 그래서 사자는 거짓 속삭임과
whispers and **malicious** hints to foment **jealousies** and **distrust** / among
험담으로 질투와 불신을 조장하기 시작했다 / 그들 사이
them. / This **strategy** succeeded so well / that before long the Bulls **grew**
에서 / 이 전략은 매우 성공적이었다 / 그래서 오래지 않아 황소들이 쌀쌀맞고 불친절
cold and unfriendly, / and finally avoided each other / and fed each one by
해졌다 / 그리고 마침내 서로를 피했다 / 그리고 각자 따로따로 풀을 뜯
himself **apart**. / **No sooner** did the Lion see this **than** he fell upon them
었다 / 사자는 이것을 보자마자 황소들을 덮쳤다
/ one by one / and killed them in turn. / The quarrels of friends are the
/ 한 마리씩 / 그리고 차례로 황소들을 죽였다 / 친구들의 싸움은 적에게는 기회다
opportunities of foes.

Review Test DAY 17 - DAY 18

A 영어는 우리말로, 우리말은 영어로 쓰시오.

1. distrust	______	11. 출발, 떠남	______
2. residence	______	12. 진흙투성이의	______
3. assistance	______	13. 소유	______
4. seize	______	14. 부상당한	______
5. interval	______	15. 지친	______
6. cease	______	16. 불쾌한	______
7. except	______	17. 들어 올리다	______
8. malicious	______	18. 지연시키다	______
9. fierce	______	19. 초원	______
10. apart	______	20. 극도로	______

B 빈칸에 알맞은 말을 고르시오.

aids　　goad　　grazing　　mind　　objection

1. Cattle are ______ on the rich grass.
2. Don't your parents ______ you staying out so late?
3. He teaches art with visual ______.
4. Her ______ was that he was too young.
5. He tried to ______ me into auditioning for the play.

C 우리말과 일치하도록 빈칸에 맞는 말을 쓰시오.

1. 우리는 출발하자마자 우리가 개를 놓고 온 것을 깨달았다.
→ (   ) had we set off (   ) we realized we'd left the dog behind.

2. 그는 그의 새 직장에 익숙해지고 있니?
→ Is he (   ) his new job?

3. 그 쇼는 십대들의 관심을 사로잡았다.
→ The show has (   ) the attention of teenagers.

D 다음 우리말에 맞도록 영작하시오.

1. 하늘은 스스로 돕는 자를 돕는다.

2. 그들은 너무 약해서 움직일 수도 없었다.

3. 냄새가 너무 역겨워 그는 숨을 참았다.

4. 얼룩말이 초원에서 풀을 뜯고 있었고, 사자가 그것을 바라보고 있었다.

Review Test 정답

A **1.** 불신 **2.** 거처, 주택 **3.** 도움, 협조 **4.** 잡다 **5.** 간격 **6.** 멈추다 **7.** ~를 제외하고 **8.** 악의 있는 **9.** 격렬한 **10.** 따로따로 **11.** departure **12.** muddy **13.** possession **14.** wounded **15.** exhausted **16.** unpleasant **17.** lift **18.** delay **19.** meadow **20.** extremely

B **1.** grazing **2.** mind **3.** aids **4.** objection **5.** goad

C **1.** No sooner, than **2.** getting used to **3.** captured

D **1.** Heaven helps those who help themselves.
2. They were too weak to move.
3. The smell was so unpleasant that he held his breath.
4. A zebra was grazing in a meadow, and was watched by a lion.

DAY 19 - DAY 20

alive
[əláiv]

형 살아 있는

They stayed **alive** by eating grass.
그들은 풀을 먹으면서 생존해 있었다.

attract
[ətrǽkt]

동 끌다

attractive 형 매력적인

Leftover food **attracts** flies.
남은 음식이 파리를 끌어 모은다.

behind
[biháind]

부 뒤에

His friends go away, but he stayed **behind**.
그의 친구들은 모두 가버렸지만 그는 뒤에 남았다.

bow
[bau]

명 절, 몸을 굽힘

She smiled, then gave a **bow**.
그녀는 웃으면서 고개를 숙여 인사했다.

bring
[briŋ]

brought, brought 동 가지고 오다, 데리고 오다

Can I **bring** the children with me?
제가 아이들을 데려가도 괜찮은가요?

build
[bild]

built, built 동 건물을 짓다

Some birds **built** a nest on our roof.
새 몇 마리가 우리 집 지붕에 둥지를 틀었다.

chill
[ʧil]

형 차가운

The **chill** weather kept us indoors.
차가운 날씨 때문에 우리는 실내에 머물렀다.

disrespect
[dìsrispékt]

명 무례, 실례

The student treated the teacher with **disrespect**.
그 학생은 선생님에게 무례하게 대했다.

enter
[éntər]

동 ~에 들어가다

Knock on the door before you **enter** the room.
방으로 들어가기 전에 문에 노크를 해라.

forget
[fərgét]

forgot, forgotten 동 잊다

He **forgot** how to set up the tent.
그는 텐트를 어떻게 치는지 잊어버렸다.

hit
[hit]

hit, hit 동 치다, 맞추다

She **hit** him hard with her purse.
그녀는 지갑으로 그를 힘껏 쳤다.

jewel
[dʒú:əl]

명 보석
jewelry 명 보석류

This diamond is one of world's largest **jewels**.
이 다이아몬드는 세계에서 가장 큰 보석 중 하나다.

lazy
[léizi]

형 한가로운, 게으른
lazily 부 한가롭게

A hawk is flying in **lazy** circles.
매가 느긋하게 원을 그리며 날고 있다.

lead
[led]

명 납

My heart is made of **lead**, but I cannot help weeping.
내 심장은 납으로 만들어졌는데도 나는 눈물이 나는 것을 어쩔 수 없다.

혼동어휘 **lead** [li:d] '인도하다'의 의미로 쓰는 **lead**는 철자는 같지만 발음이 다르다.

leave
[li:v]

left, left 동 떠나다

Please **leave** the room.
방에서 나가주세요.

lofty
[lɔ́:fti]

형 높은

He set **lofty** goals for himself as a teacher.
그는 교사로서 스스로에 대한 높은 목표를 설정했다.

low
[lou]

형 **낮은**

The apartment has **low** ceilings.
그 아파트는 천장이 낮다.

mark
[ma:rk]

명 **표시**

Make a **mark** at the bottom of the page.
페이지 아래에 표시를 해 둬라.

messenger
[mésəndʒər]

명 **심부름꾼**

They sent a **messenger** to pick up the package.
그들은 심부름꾼을 보내 소포를 가져갔다.

misery
[mízəri]

명 **비참함**
miserable 형 비참한

The last years of his life were a **misery**.
그의 말년은 비참했다.

moth
[mɔ:θ]

명 **나방**

They hunt **moths**, spiders, and scorpions at night.
그것들은 밤에 나방, 거미, 그리고 전갈들을 사냥한다.

nest
[nest]

명 **둥지**

Young eagles leave the **nest** after only two months.
어린 독수리들은 2달만 지나면 둥지를 떠난다.

palace
[pǽlis]

명 **궁전**

Cinderella attends a party at the **palace**.
신데렐라는 궁전에서 열리는 파티에 참석합니다.

ripple
[rípl]

명 **물결**

He dived into the pool, making scarcely a **ripple**.
그는 수영장에서 다이빙을 했는데 물결이 거의 일지 않았다.

rude
[ruːd]

형 **무례한**

It's **rude** to stare.
노려보는 것은 무례하다.

slender
[sléndər]

형 **호리호리한**

She is **slender** and stylish.
그녀는 호리호리하고 멋지다.

sorrow
[sɑ́rou]

명 **슬픔**

sorrowful 형 슬픔에 찬

She expressed her **sorrow** at my mother's death.
나의 어머니의 사망에 그녀는 그녀의 슬픔을 표현했다.

stay
[stei]

동 **머무르다**

He decided to **stay** home.
그는 집에 머무르기로 결정했다.

sword
[sɔːrd]

명 **칼**

Fencing is a sport of fighting with long thin **swords**.
펜싱은 길고 가는 칼을 가지고 경쟁하는 스포츠이다.

tear
[tiər]

명 **눈물**

Tears were streaming down her face.
눈물이 그녀의 얼굴에 흘러내리고 있었다.

혼동어휘 **tear** [tɛər] '찢다'의 의미로 쓰는 **tear**는 발음이 다르다. (tore, torn)

thirsty
[θə́ːrsti]

형 **목마른**

Can I have a glass of water? I'm **thirsty**.
물 한 잔 마실 수 있을까? 나 목마르다.

throw
[θrou]

threw, thrown 동 **던지다**

Someone **threw** a stone at the cat.
누군가 고양이에게 돌을 던졌다.

wall
[wɔ:l]

명 담장

He leaned against the **wall**.
그는 벽에 기댔다.

warm
[wɔ:rm]

형 따뜻한

I hope we get some **warm** weather soon.
날씨가 얼른 따뜻해지면 좋겠다.

watch
[watʃ]

동 살펴보다

Keep **watching** to see what happens next.
다음에 무슨 일이 벌어지는지 계속 지켜봐라.

weep
[wi:p]

wept, wept 동 울다

She **wept** at the news of his death.
그녀는 그의 사망 소식을 듣고는 울었다.

at once 즉시

Leave the room **at once**!
방에서 당장 나가!

be made of ~로 만들어지다

My cabin **was made of** logs.
그 오두막은 통나무로 만들어졌다.

cannot help –ing ~할 수 밖에 없다

She **can't help spending** money.
그녀는 돈 쓰는 것을 멈출 수 없다.

give away 줘버리다, 나눠주다

I **gave away** my coat to Jimmy.
나는 내 코트를 Jimmy에게 줬다.

문맥으로 EXERCISE

• 끊어 읽기 표시에 맞춰 직독직해 연습을 하시오.

1 One night there flew over the city a little Swallow. / His friends had gone
어느 날 밤 도시 위로 작은 제비 한 마리가 날아왔다 / 그의 친구들은 이집트로 날아가

away to Egypt / six weeks before, / but he had **stayed behind**, / for he was
버렸다 / 6주 전에 / 하지만 그는 뒤에 남았다 / 그가 가장 아름

in love with the most beautiful Reed. / He had met her early in the spring /
다운 갈대와 사랑에 빠졌기 때문이다 / 그는 그녀를 이른 봄에 만났다 /

as he was flying down the river / after a big yellow **moth**, / and had been so
그가 강을 따라 날아가다가 / 큰 노란색 나방을 쫓아 / 그리고 그녀의 가는 허

attracted by her **slender** waist / that he had stopped to talk to her. / "Shall I
리에 너무도 매료되었다 / 그래서 그는 그녀에게 말을 걸기 위해 멈췄다 / "제가 당신

love you?" said the Swallow, / who liked to come to the point **at once**, / and
을 사랑해도 될까요?" 제비가 말했다 / 제비는 단도직입적으로 말하는 것을 좋아했다 / 그리

the Reed made him a **low bow**. / So he flew round and round her, / touching
고 갈대는 공손히 인사를 했다 / 그래서 그는 그녀 주변을 빙빙 날아다녔다 / 날개로 물을

the water with his wings, / and making silver **ripples**.
치면서 / 그리고 은빛 물결을 일으키면서

2 "When I was **alive** and had a human heart," answered the statue, / "I did
"내가 살아 있고 인간의 심장을 가지고 있었을 때," 동상이 대답했다 / "나는 눈
not know what **tears** were, / for I lived in the **Palace** of Sans-Souci, /
물이 뭔지 몰랐어, / 나는 무사태평의 궁전에 살았기 때문에 /
where **sorrow** is not allowed to **enter**. / In the daytime / I played with my
그곳에 슬픔은 들어올 수 없어 / 낮 동안 / 나는 정원에서 동료들과
companions in the garden, / and in the evening / I led the dance in the Great
놀았어 / 그리고 저녁에는 / 큰 무도회장에서 춤을 췄어
Hall. / Round the garden / ran a very **lofty wall**, / but I never cared to ask
/ 정원을 빙 둘러서 / 매우 높은 담장이 쳐져있었어 / 하지만 난 물어보려 한 적이 없어
/ what lay beyond it, / everything about me was so beautiful. / My courtiers
/ 그 너머에 무엇이 있는지 / 내 주변의 모든 것이 너무도 아름다웠어. / 내 신하들은 나를
called me the Happy Prince. / And now that I am dead / they have set me up
행복한 왕자라고 불렀어. / 그리고 이제 나는 죽어서 / 그들이 나를 여기 이렇게 높
here so high / that I can see all the ugliness and all the **misery** of my city, /
은 곳에 세웠어 / 그래서 내가 내 도시의 온갖 누추함과 고통을 볼 수 있도록 /
and though my heart **is made of lead** / yet I **cannot help weeping**."
그래서 내 심장은 납으로 만들어져있지만 / 그래도 나는 울음을 멈출 수 없어."

3 "Swallow, Swallow, little Swallow," said the Prince, / "will you not stay
"제비야, 제비야, 작은 제비야," 왕자가 말했다 / "하룻밤 나랑 머물면서 내
with me for one night, and be my **messenger**? / The boy is so **thirsty**, / and
심부름꾼이 되어주지 않겠니? / 그 남자 아이는 너무 목이 마르고 / 그
the mother so sad." / "I don't think I like boys," answered the Swallow.
래서 그의 엄마는 너무 슬퍼." / "저는 남자 아이들을 좋아하지 않아요," 제비가 말했다
/ "Last summer, when I was staying on the river, / there were two **rude**
/ 지난여름에 내가 강에 머물 때 / 못된 남자 아이들 둘이 있었어요
boys, / who were always **throwing** stones at me. / They never **hit** me, of
/ 그 애들은 늘 저에게 돌을 던졌어요. / 물론 그 애들이 저를 절대 맞추지
course; / we swallows fly far too well for that, / but still, / it was a **mark** of
는 못했죠 / 우리 제비들은 그 정도보다는 훨씬 잘 날거든요 / 그렇다고 해도 / 그것은 무례의 상징이

disrespect." / But the Happy Prince looked so sad / that the little Swallow
죠." / 하지만 행복한 왕자는 너무 슬퍼보였다 / 그래서 작은 제비는 미안했다

was sorry. / So the Swallow picked out the great ruby / from the Prince's
/ 그래서 제비는 큰 루비를 뽑았다 / 왕자의 칼에서

sword, / and flew away / with it in his beak / over the roofs of the town.
/ 그리고 날아갔다 / 그것을 그의 부리에 물고서 / 동네의 지붕들 위로

4 "Swallow, Swallow, little Swallow," said the Prince, / "will you not stay
"제비야, 제비야, 작은 제비야." 왕자가 말했다 / "하룻밤 더 내 곁에 머물러

with me one night longer?" / "It is winter," answered the Swallow, / "and
주지 않겠니?" / "이제 겨울이에요." 제비가 말했다 / "그리고

the **chill** snow will soon be here. / In Egypt the sun is **warm** on the green
차가운 눈이 곧 여기에 내릴 거예요. / 이집트에는 태양이 초록색 야자수 위에서 따뜻하죠.

palm-trees, / and the crocodiles lie in the mud / and look **lazily** about them.
/ 그리고 악어들은 진흙에 누워있고요 / 그리고 한가롭게 주변을 둘러보죠.

/ My companions are **building** a **nest** / in the Temple of Baalbec, / and the
/ 내 친구들은 둥지를 틀고 있어요 / Baalbec 사원에 / 그리고 분

pink and white doves are **watching** them, / and cooing to each other. / Dear
홍색 그리고 흰색 비둘기들이 그들을 지켜보고요. / 그리고 서로서로 정답게 이야기를 나누지요. /

Prince, I must **leave** you, / but I will never **forget** you, / and next spring I
왕자님, 저는 떠나야 해요 / 하지만 당신을 절대 잊지 않을게요 / 그리고 다음 봄에 아름다

will **bring** you back two beautiful **jewels** / in place of those you have **given**
운 보석 두 개를 가지고 올게요 / 당신이 나눠줘 버린 보석들을 대신해서요.

away. / The ruby shall be redder than a red rose, / and the sapphire shall be
/ 루비는 빨간 장미보다 붉을 것이고, / 그리고 사파이어는 바다만큼이나 푸

as blue as the great sea."
를 거예요."

Review Test DAY 19 - DAY 20

A 영어는 우리말로, 우리말은 영어로 쓰시오.

1. palace	____________	11. 보석	____________
2. rude	____________	12. 둥지	____________
3. attract	____________	13. 슬픔	____________
4. sword	____________	14. ~에 들어가다	____________
5. build	____________	15. 호리호리한	____________
6. thirsty	____________	16. 머무르다	____________
7. leave	____________	17. 한가로운, 게으른	____________
8. ripple	____________	18. 나방	____________
9. lofty	____________	19. 담장	____________
10. alive	____________	20. 잊다	____________

B 빈칸에 알맞은 말을 고르시오.

bow	chill	disrespect	low	misery

1. The student treated the teacher with ____________.
2. The __________ weather kept us indoors.
3. The apartment has __________ ceilings.
4. She smiled, then gave a __________.
5. The last years of his life were a ____________.

C 우리말과 일치하도록 빈칸에 맞는 말을 쓰시오.

1. 그녀는 돈 쓰는 것을 멈출 수 없다.
   → She (   ) money.

2. 나는 내 코트를 지미에게 줘버렸다.
   → I (   ) my coat to Jimmy.

3. 방에서 당장 나가!
   → Leave the room (   )!

D 다음 우리말에 맞도록 영작하시오.

1. 그녀는 곧바로 본론으로 들어가는 것을 좋아했다.

2. 그들은 행복이 무엇인지를 몰랐다.

3. 그 소년은 너무 수줍어하는 것 같아 보였다.

4. 그는 그녀를 떠나야만 하지만, 그녀를 절대 잊지 않을 것이다.

Review Test 정답

A **1.** 궁전 **2.** 무례한 **3.** 끌다 **4.** 칼 **5.** 건물을 짓다 **6.** 목마른 **7.** 떠나다 **8.** 물결 **9.** 높은 **10.** 살아 있는 **11.** jewel **12.** nest **13.** sorrow **14.** enter **15.** slender **16.** stay **17.** lazy **18.** moth **19.** wall **20.** forget

B **1.** disrespect **2.** chill **3.** low **4.** bow **5.** misery

C **1.** can't help spending **2.** gave away **3.** at once

D **1.** She liked to come to the point at once.
2. They did not know what happiness was.
3. The boy looked so shy.
4. He must leave her, but he will never forget her.

No man is rich enough to buy back his past.

과거를 다시 구입할 만큼 부자인 사람은 없다.

PART

예비고등

DAY 21 - DAY 40

- 고등학교 1학년 전국연합 학력평가 문제의 독해 지문을 활용했습니다.
- 비교적 쉬운 난이도의 고등학교 1학년 학력평가 독해 지문을 통해 직독직해 연습으로 고등 기초 어휘를 미리 맛봅시다.

DAY 21 - DAY 22

access
[ǽkses]

명 **접근**

accessible 형 접근 가능한

We have Internet **access** at the library.

우리 도서관에서는 인터넷에 접속할 수 있다.

alone
[əlóun]

부 **홀로**

He lived **alone** for many years.

그는 여러 해 동안 홀로 살아왔다.

amount
[əmáunt]

명 **양, 금액**

What is the **amount** to be paid?

지불해야 할 금액이 얼마죠?

appear
[əpíər]

동 **~처럼 보이다**

appearance 명 모습, 외모

I don't want to **appear** rude.

나는 무례하게 보이고 싶지 않다.

attitude
[ǽtitjùːd]

명 **태도**

He's friendly and has a good **attitude**.

그는 친절하고 좋은 태도를 지녔다.

charity
[tʃǽrəti]

명 **자선단체**

All the money will go to **charity**.

모든 돈은 자선단체로 갈 것이다.

clothing
[klóuðiŋ]

명 **옷**

We collected food and **clothing** for the poor.

우리는 가난한 사람들을 위해 음식과 옷을 모았다.

> 혼동어휘 **clothing, clothes, cloth**
> **clothes**는 셔츠나 드레스처럼 우리가 입는 것을 뜻해요. 항상 복수형 **clothes**로 씁니다. **clothing**은 특정의 옷을 의미할 때 **보호복**(protective clothing) 또는 옷을 팔거나 사는 것을 뜻할 때 **의류 제조사**(a clothing manufacturer)와 같은 맥락으로 씁니다. **cloth**는 옷을 만드는 천을 뜻합니다.

concern
[kənsə́ːrn]

명 **걱정**

His mother's health is his major **concern**.

그의 어머니의 건강이 그의 가장 큰 걱정이다.

conduct
[kəndʌ́kt]

동 **시행하다, 실시하다**
conductor 명 지휘자
The interview was **conducted** in Korean.
인터뷰는 한국어로 실시되었다.

contact
[kɑ́ntækt]

동 **접촉하다, 연락하다**
He **contacted** everyone on the list.
그는 명단에 있는 모든 이들과 접촉했다.

create
[kri:éit]

동 **창작하다, 만들다**
creative 형 창의적인
He announced a plan to **create** new jobs.
그는 새 일자리 창출에 대한 계획을 발표했다.

disaster
[dizǽstər]

명 **재난, 재해**
disastrous 형 재해의
They're trying to find a way to avoid **disaster**.
그들은 재난을 피할 수 있는 방법을 찾고 있다.

discuss
[diskʌ́s]

동 **~에 대해 토론하다**
If you want to **discuss** the matter further, please call me.
그 문제를 더 논의하고 싶으면 전화해주세요.

donate
[dóuneit]

동 **기부하다**
donation 명 기부
We **donated** our old clothes to charity.
우리는 철 지난 옷을 자선단체에 기부했다.

impact
[ímpækt]

명 **영향**
The movie had a huge **impact** when it first came out.
그 영화는 처음 나왔을 때 대단한 영향을 발휘했다.

improvement
[imprú:vmənt]

명 **개선**
improve 동 개선하다
This month's sales figures show a big **improvement**.
이번 달 매출 수치가 매우 좋아졌다.

include
[inklú:d]

동 **포함하다**
↔ exclude 배재하다 including 전 ~을 포함하여
The price of dinner **includes** dessert.
정식의 가격은 디저트를 포함한다.

instantly
[ínstəntli]

부 **즉각적으로**

instant 형 즉각적인

They **instantly** fell in love.
그들은 즉각적으로 사랑에 빠졌다.

introduce
[ìntrədjú:s]

동 **소개하다**

introduction 명 소개

Let me **introduce** myself.
저 자신을 소개하겠습니다.

isolate
[áisəlèit]

동 **고립시키다**

isolation 명 고립

The village was **isolated** by the floods.
그 마을은 홍수로 고립되었다.

lose
[lu:z]

lost, lost 동 **잃다**

Sujin **lost** her job last month.
수진은 지난달에 직장을 잃었다.

maintenance
[méintənəns]

명 **유지, 보수**

maintain 동 지속하다

The theatres were closed because of **maintenance**.
극장이 유지보수 때문에 문을 닫았다.

major
[méidʒər]

형 **주요한**

Korea played a **major** role in the negotiations.
한국이 협상에서 주요한 역할을 했다.

normal
[nɔ́:rməl]

형 **정상적인**

normally 부 보통

What I want is to lead a **normal** life.
내가 원하는 것은 정상적인 삶을 살아가는 것이다.

opinion
[əpínjən]

명 **의견**

They asked for our **opinions** about the new stadium.
그들은 새 경기장에 관한 우리의 의견을 물었다.

patient
[péiʃənt]

명 **환자**

Some **patients** were waiting to see the doctor.
몇 명의 환자들이 의사의 진료를 받으려고 기다리고 있었다.

present
[prézənt]

명 1 선물 2 현재 동 [prizént] 보여주다, 제시하다

I gave her a special **present** for her birthday.
나는 그녀에게 특별한 생일 선물을 줬다.

Stop worrying about the past and live in the **present**.
과거에 대한 걱정은 그만두고 현재를 살아라.

You must **present** identification.
당신은 신분증을 제시해야만 한다.

recommend
[rèkəménd]

동 추천하다, 권장하다

recommendation 명 추천

I **recommend** that you get some professional advice.
나는 네가 전문가의 조언을 받을 것을 추천한다.

reduce
[ridjúːs]

동 줄이다

reduction 명 절감

The population has been **reduced** by half.
인구가 반으로 줄었다.

remember
[rimémbər]

동 기억하다

I can't **remember** her exact words.
나는 그녀의 말을 정확히 기억하지 못한다.

satisfaction
[sæ̀tisfǽkʃən]

명 만족

satisfy 동 만족시키다

He got great **satisfaction** from helping others.
그는 다른 사람을 돕는 것으로 크게 만족했다.

serious
[síəriəs]

형 심각한

The damage was not **serious**.
피해는 심각하지 않았다.

shelter
[ʃéltər]

명 피난처, 은신처

We made a **shelter** from branches.
우리는 나뭇가지들로 은신처를 만들었다.

significantly
[signífikəntli]

부 상당히

significant 형 중요한

Another store sold the toy for a **significantly** lower price.
다른 가게에서 그 장난감을 상당히 더 낮은 가격에 팔았다.

spouse
[spaus]

명 배우자, 부부

Spouses were invited to the company party.
부부들이 회사 파티에 초대를 받았다.

suggest
[səgdʒést]

동 제안하다, 추천하다
suggestion 명 제안
Who would you **suggest** for the job?
그 업무에 누구를 추천하시겠어요?

support
[səpɔ́:rt]

동 지지하다
supportive 형 협력적인
Which candidate do you **support**?
어떤 후보를 지지하세요?

transform
[trænsfɔ́:rm]

동 변형시키다
transformation 명 변형
They **transformed** the old train into a restaurant.
그들은 낡은 기차를 식당으로 변형시켰다.

weight
[weit]

명 무게
He lost a lot of **weight**.
그는 체중을 많이 감량했다.

deal with 다루다, 대처하다
This report **deals with** teaching students how to read.
이 보고서는 학생들에게 읽기 방법을 가르치는 것을 다루고 있다.

give up 포기하다
He **gave up** writing the novel.
그는 소설 쓰는 것을 포기했다.

instead of ~하는 대신에
I picked up his bag **instead of** mine.
나는 내 것 대신에 그의 가방을 집어 들었다

on one's own 자기 스스로의
He built the entire house **on his own**.
그는 집 전체를 혼자 힘으로 지었다.

turn off 끄다
Turn off the lights as you leave.
나갈 때 등을 꺼주세요.

문맥으로 EXERCISE

• 끊어 읽기 표시에 맞춰 직독직해 연습을 하시오.

1 The Internet is wonderful / in so many different ways. / It has **transformed**
인터넷은 놀랍다 / 매우 여러 가지 면에서 / 컴퓨터는 우리 삶의 방식을

the way we live. / We can **contact** people **instantly**, / wherever they are.
바꿨다 / 우리는 사람들과 즉각적으로 접촉할 수 있다 / 그들이 어디에 있든

/ We can plan things together, / without ever needing to meet. / We have
/ 우리는 계획을 함께 짤 수 있다 / 한 번도 만날 필요 없이 / 우리는 접근

access / to a world of information / at the click of a mouse. / But on the
할 수 있다 / 정보의 세계로 / 마우스 클릭 한 번에 / 하지만 반면에

other hand, / the Internet glues us / to our computer monitors / and **isolates**
/ 인터넷은 우리를 고정시킨다 / 우리의 컴퓨터 모니터에 / 그리고 우리를 동

us from our fellow human beings. / We will now e-mail someone a message,
료 인간들로부터 고립시킨다 / 우리는 지금 누군가에게 메시지를 이메일로 보낼 것이다

/ rather than call them up or walk ten yards / to the next office to say hello.
/ 그들에게 전화를 걸거나 10 야드를 걷는 대신에 / 옆의 사무실까지 인사를 하려고

/ We need to **create** a balance / between the World Wide Web and the real
/ 우리는 균형을 만들어내야 한다 / 월드와이드웹과 현실와이드세상 사이의

wide world / we live in. / **Turn** your computer **off** / for one day a week, /
/ 우리가 살고 있는 / 당신의 컴퓨터를 꺼라 / 하루나 일주일 동안 노트북 컴

leave your laptop at home, / get out into the real world and live your life.
퓨터를 집에다 두고 / 진짜 세상으로 나가서 당신의 인생을 살아라

2 Problems can **appear** / to be unsolvable. / We are social animals / who need
문제들은 보일 수 있다 / 해결할 수 없는 것처럼 / 우리는 사회적 동물이다 / 우리들의 문제

to **discuss** our problems / with others. / When we are **alone**, / problems
점들을 토론해야 하는 / 다른 사람들과 / 우리가 혼자일 때 / 문제들은 더

become more **serious**. / By sharing, / we can get **opinions** and / find
욱 심각해진다 / 나눔으로써 / 우리는 의견을 얻을 수 있고 / 해결

solutions. / An experiment was **conducted** / with a group of women / who
책을 찾을 수 있다 / 한 실험이 행해졌다 / 한 그룹의 여성들에게 / 만족

had low **satisfaction** / in life. / Some of the women / were **introduced** to
이 낮았던 / 인생에서 / 그 여자들 중 일부는 / 다른 사람들에게 소개되었다

others / who were in similar situations, / and some of the women / were
/ 비슷한 상황에 있는 / 그리고 그 여자들 중 일부는 / 그들 스

left **on their own** / to **deal with** their **concerns**. / Those who interacted with
스로 남겨졌다 / 그들의 걱정거리를 해결하도록 / 다른 사람들과 상호작용을 한 사람들은

others / **reduced** their **concerns** / by 55 percent / over time, / but those who
/ 그들의 걱정을 줄였다 / 55퍼센트까지 / 시간이 지나면서 / 하지만 스스로 남

were left **on their own** / showed no **improvement**.
겨진 사람들은 / 전혀 개선되지 못했다

3 A number of studies have shown / that the body **weight** and **attitudes** of a
수많은 연구들이 보여줬다 / 환자 배우자의 몸무게와 태도는

patient's spouse / can have a **major impact** / on the **amount** of weight lost
/ 지대한 영향력을 가질 수 있다 / 체중 감량에

/ and on success in weight **maintenance**. / Black & Threlfall found that /
/ 그리고 체중 유지에 / Black & Threlfall은 밝혀냈다 /

overweight patients / with **normal-weight** partners / lost **significantly**
과체중 환자들은 / 정상 체중의 배우자를 가진 / 현저히 많은 체중 감량을

more weight / than those with overweight partners. / They also noted that /
했다 / 과체중의 배우자를 가진 환자들보다 / 그들은 또한 언급했다 /

success was greater / in those patients / whose partners / had also **lost weight**
성공률이 훨씬 높았다 / 그러한 환자들에게 있어서 / 환자들의 배우자가 / 체중을 감량했다

/ even though they were not **included** in the program. / And that **suggests**
/ 그들은 그 프로그램에 포함되지 않았음에도 / 그리고 그것은 다음을 시사

that / **recommended** changes / were being actively **supported** / by the
한다 / 권장된 변화가 / 적극적으로 지지받고 있었다 / 배우자에

spouse. / Similarly, / Pratt found that / drop-out rates were **reduced** / when
의해 / 이와 유사하게 / Pratt은 밝혀냈다 / 실패율이 감소했다 / 환자의

the patient's spouse was **included** / in a weight-control program.
배우자가 포함되었을 때 / 체중 조정 프로그램에

4 Some people need money / more than we do. / For example, / some people
어떤 사람들은 돈을 필요로 한다 / 우리보다 많이 / 예를 들어 / 어떤 사람들은 그

have **lost** their homes / due to natural **disasters** or war, / while others don't
들의 집을 잃었다 / 자연재해나 전쟁 때문에 / 반면에 다른 사람들은 충

have enough food or **clothing**. / So this year, / for our birthdays, / let's tell /
분한 음식이나 옷이 없다 / 그러니 올해에는 / 우리 생일에 / 말하자

our friends and family / to **donate** money to a **charity** / **instead of** buying
친구들과 가족에게 / 자선단체에 돈을 기부하라고 / 우리에게 선물을 사는

us **presents**. / I know / that some kids might not want to **give up** their
대신에 / 나는 안다 / 어떤 아이들은 그들의 생일 선물을 포기하고 싶어 하지 않을 수도 있다는

birthday **presents**, / and I understand. / However, **remember** / that we can
것을 / 그리고 이해한다 / 하지만, 기억하자 / 우리는 새 장난감

live without new toys or games / more easily than someone can live without
이나 게임 없이 살 수 있음을 / 다른 사람이 음식, 옷, 집 없이 사는 것보다 쉽게

food, clothing, or **shelter**. / So, we should tell our friends and family / that,
/ 그러니, 우리는 친구들과 가족에게 말해야 한다 / 올해

for our birthdays this year, we want to give to others.
우리 생일에는 우리가 다른 사람들에게 기부하고 싶다는 것을

Review Test DAY 21 - DAY 22

A 영어는 우리말로, 우리말은 영어로 쓰시오.

1. concern	____________	11. 재난, 재해	____________
2. impact	____________	12. 기부하다	____________
3. reduce	____________	13. 환자	____________
4. serious	____________	14. 기억하다	____________
5. attitude	____________	15. 정상적인	____________
6. support	____________	16. 고립시키다	____________
7. improvement	____________	17. 변형시키다	____________
8. include	____________	18. 무게	____________
9. major	____________	19. ~에 대해 토론하다	____________
10. access	____________	20. 의견	____________

B 빈칸에 알맞은 말을 고르시오.

alone appear clothing lost present

1. We collected food and ____________ for the poor.
2. You must ____________ identification.
3. He lived ____________ for many years.
4. Sujin ____________ her job last month.
5. I don't want to ____________ rude.

C 우리말과 일치하도록 빈칸에 맞는 말을 쓰시오.

1. 나갈 때 등을 꺼주세요.
   → (   ) the lights as you leave.

2. 나는 내 것 대신에 그의 가방을 집어 들었다.
   → I picked up his bag (   ) mine.

3. 나는 소설 쓰는 것을 포기했다.
   → I (   ) writing the novel.

D 다음 우리말에 맞도록 영작하시오.

1. 선물을 사는 대신 자선단체에 돈을 기부하자.

2. 우리는 다른 사람들과 함께 살아야 하는 사회적 동물이다.

3. 수많은 연구들이 그가 옳았음을 보여줬다.

4. TV를 끄고 수학 문제를 풀어라.

Review Test 정답

A **1.** 걱정 **2.** 영향 **3.** 줄이다 **4.** 심각한 **5.** 태도 **6.** 지지하다 **7.** 개선 **8.** 포함하다 **9.** 주요한 **10.** 접근 **11.** disaster **12.** donate **13.** patient **14.** remember **15.** normal **16.** isolate **17.** transform **18.** weight **19.** discuss **20.** opinion

B **1.** clothing **2.** present **3.** alone **4.** lost **5.** appear

C **1.** Turn off **2.** instead of **3.** gave up

D **1.** Let's donate money to a charity instead of buying presents.
2. We are social animals who need to live together with others.
3. A number of studies have shown that he was right.
4. Turn the TV off, and solve the math problems.

DAY 23 - DAY 24

abroad [əbrɔ́:d]

부 **해외로**

He often goes **abroad** on business.
그는 종종 사업차 해외로 나간다.

> 혼동어휘 **aboard** [əbɔ́:rd] → '철자와 발음이 비슷한 **aboard**는 부사로 '탑승하여'의 의미이다.
> The ship swayed as they stepped **aboard**.
> 그 배는 사람들이 올라타자 흔들렸다.

absence [ǽbsəns]

명 **부재**

absent 형 결석한

Neil will be in charge during my **absence**.
내가 없는 동안 Neil이 책임을 맡을 것입니다.

adventurous [ædvéntʃərəs]

형 **모험심 있는**

adventure 명 모험, 탐험

She is an **adventurous** cook who is always trying new recipes. 그녀는 늘 새 요리법을 시도하는 모험심 있는 요리사이다.

assault [əsɔ́:lt]

명 **공격**

She was injured in a brutal **assault**.
그녀는 잔인한 공격에 부상을 당했다.

assess [əsés]

동 **평가하다**

assessment 명 평가

The school **assesses** the students' progress each year.
그 학교는 해마다 학생들의 성취도를 평가한다.

avoid [əvɔ́id]

동 **회피하다**

avoidance 명 회피

Jason narrowly **avoided** an accident.
Jason은 가까스로 사고를 피했다.

become [bikʌ́m]

became, become 동 **~하게 되다**

The weather **became** warmer. 날씨가 더워졌다.

capability [kèipəbíləti]

명 **능력**

That task is beyond my **capability**.
그 임무는 내 능력 밖의 일이다.

challenge
[tʃǽlindʒ]

명 **난관, 도전 과제**

The ski slope offers a high degree of **challenge**.
그 스키 언덕은 높은 수준의 도전 과제를 제공한다.

comfort
[kʌ́mfərt]

명 **안락, 편함**

comfortable 형 편안한

I dress for **comfort**, not fashion.
나는 패션보다는 편안함에 맞춰 옷을 입는다.

conflict-free
[kάnfliktfriː]

형 **갈등이 없는**

The initial stages of a relationship are usually **conflict-free**.
관계의 초기 단계에는 보통 갈등이 없다.

접사 -free → '~이 없는'의 의미이다.
duty-free 면세의 / **trouble-free** 어려움 없는 / **salt-free** 소금이 첨가되지 않은

constantly
[kάnstəntli]

부 **지속적으로**

constant 형 지속적인

She talked **constantly** about her son.
그녀는 계속해서 자기 아들 얘기를 했다.

crucial
[krúːʃəl]

형 **결정적인**

It's **crucial** that we arrive before 7 o'clock.
우리는 반드시 7시 정각 전에 도착해야 한다.

defense
[diféns]

명 **방어**

defend 동 방어하다

Several people spoke in my **defense**.
여러 사람이 나를 방어하는 발언을 했다.

dependent
[dipéndənt]

형 **의존적인**

depend 동 의존하다

Your pay is **dependent** on your work experience.
당신의 급여는 당신의 업무 경력에 달려있다.

developed
[divéləpt]

형 **발전한, 선진국의**

The disease is not found in **developed** countries.
그 질병은 선진국에서는 발견되지 않는다.

directly
[diréktli]

㊫ **바로, 직접**
direct ㊱ 직접의
His house was **directly** behind the church.
그의 집은 교회 바로 뒤에 있었다.

earn
[ə:rn]

㊐ **벌다, 획득하다**
How much money do you **earn** as a nurse?
간호사로서 당신은 돈을 얼마나 버나요?

emergency
[imə́:rdʒənsi]

㊔ **위급 상황**
emergent ㊱ 위급한
Lifeguards are trained to deal with **emergencies**.
구조원들은 위급 상황에 대처하도록 훈련받는다.

enable
[enéibəl]

㊐ **~할 수 있게 하다**
The money **enabled** Jason to buy the house.
그 돈으로 Jason은 집을 살 수 있었다.

evaluate
[ivǽljuèit]

㊐ **평가하다**
evaluation ㊔ 평가
We need to **evaluate** our options.
우리는 우리의 선택사항들을 평가해봐야 한다.

fix
[fiks]

㊐ **고치다**
He **fixed** hooks to the window frame.
그는 창틀의 고리를 고쳤다.

frequently
[frí:kwəntli]

㊱ **자주**
frequent ㊱ 빈번한
He was **frequently** late for school.
그는 자주 학교에 늦었다.

huge
[hju:dʒ]

㊱ **거대한**
Your room looks **huge** compared to mine.
너의 방은 내 방과 비교해보면 아주 커 보인다.

initial
[iníʃəl]

형 **초기의**
initiate 동 시작하다
Their **initial** response was encouraging.
그들의 처음 반응은 고무적이었다.

inject
[indʒékt]

동 **주입하다, 도입하다**
He **injected** a little humor into his speech.
그는 그의 연설에 약간의 유머를 첨가했다.

narrow
[nǽrou]

형 **좁은**
↔ **broad** 넓은
His shoulders are very **narrow**.
그는 어깨가 매우 좁다.

nervous
[nə́:rvəs]

형 **긴장되는**
They are **nervous** about their job interview.
그들은 그들의 취업 면접에 긴장하고 있다.

opportunity
[àpərtjú:nəti]

명 **기회**
I had the rare **opportunity** of speaking to the president.
나는 대통령과 대화할 귀한 기회를 가졌었다.

optimize
[άptəmàiz]

동 **최적화하다**
We have to **optimize** the use of available resources.
우리는 가용 자원의 활용을 최적화해야 한다.

produce
[prədjú:s]

동 **생산하다**
Plants **produce** oxygen.
식물은 산소를 생산해낸다.

provide
[prəváid]

동 **제공하다**
Coffee and cookies will be **provided**.
커피와 쿠키가 제공될 것이다.

reject
[ridʒékt]

동 **거절하다**
He **rejected** her offer of help.
그는 도와주겠다는 그녀의 제안을 거절했다.

relatively
[rélətivli]

부 **상대적으로**

relative 형 상대적인

The program is **relatively** easy to use.
그 프로그램은 상대적으로 사용하기 쉽다.

role
[roul]

명 **역할**

Everyone had a **role** in the project's success.
모두들 그 프로젝트의 성공에 각자의 역할을 해냈다.

stimulate
[stímjəlèit]

동 **자극하다**

Her interest in architecture was **stimulated** by her father.
그녀의 건축에 대한 관심은 그녀의 아버지에게서 자극을 받았다.

혼동어휘 **simulate** [símjəlèit] '~을 가장하다', '흉내 내다'의 의미이다.
They **simulated** a job interview in the classroom. 그들은 취업 면접을 교실에서 흉내내봤다.

strive
[straiv]

동 **노력하다**

We **strive** to be accurate, but there might be some mistakes.
우리는 정확하려고 애쓰지만 실수가 있을 수 있다.

term
[tə:rm]

명 **범주, 기간**

The man received a 15-year prison **term**.
그 남자는 15년간의 수감을 선고받았다.

unavoidable
[ʌ̀nəvɔ́idəbl]

형 **피할 수 없는**

It was an **unavoidable** accident.
그것은 피할 수 없는 사고였다.

weaken
[wí:kən]

동 **약화시키다**

weak 형 약한

The disease **weakens** the immune system.
그 질병은 면역체계를 약화시킨다.

end up 결국 ~이 되고 말다

If you keep going outside without shoes, you'll **end up** catching a cold.
계속 신발을 신지 않고 바깥에 나가면 결국 감기에 걸릴 거야.

문맥으로 EXERCISE

• 끊어 읽기 표시에 맞춰 직독직해 연습을 하시오.

1 The **initial** stages of a relationship / — courtship, marriage, honeymoon—
관계의 초기 단계들은 / – 구애, 결혼, 신혼여행 등 –
/ are usually **relatively conflict-free.** / But then, / while the couple is
/ 보통 상대적으로 갈등이 없다 / 하지만 그 이후 / 커플이 함께 하는 동안
together, / there is conflict. / To many, / conflict within a relationship means
/ 갈등이 존재한다 / 많은 사람들에게 / 관계 내에서의 갈등은 의미한다
/ that the relationship itself is in trouble; / perfect harmony—the **absence**
/ 관계 자체가 위기에 놓여 있음을 / 완벽한 조화–갈등의 부재–는
of conflict— / is considered / the standard we should all **strive** for. / As it
/ 여겨진다 / 우리가 애써 추구해야 하는 표준으로 / 밝혀지듯
turns out, / conflict is not only **unavoidable** but actually **crucial** / for the
/ 갈등은 피할 수 없을 뿐만 아니라 사실 중요하다 / 관계의
long-term success of the relationship. / Think of conflicts / as a form of
장기적 성공에 있어서 / 갈등을 여겨라 / 백신의 한 형태로
vaccine. / When we immunize against a disease, / we are in fact **injecting** /
/ 우리가 질병에 대해 면역을 줄 때 / 우리는 실제로 주입한다 /
a **weakened** strain of the disease / into the body, / which is then **stimulated**
약화된 병원균을 / 몸속으로 / 몸은 나중에 항체를 키우도록 자극
to develop the antibodies / that **enable** it to deal with more major **assaults** /
받는다 / 몸이 모다 주요한 공격에 맞설 수 있도록 하는 항체를 /
later on. / Likewise, / minor conflicts help our relationship / develop **defense**
나중에 / 마찬가지로 / 사소한 갈등들은 우리의 관계를 돕는다 / 방어 능력을 키우도록
capabilities; / they immunize the relationship / and help partners / deal with
/ 그것들은 관계에 면역을 준다 / 그리고 파트너를 돕는다 / 중대한 교착
major gridlocks / when they arise.
상태에 대처하도록 / 그것들이 발생할 때

2 Most people don't **assess** their **roles** / **frequently** enough / and so stay
대부분의 사람들은 자신의 역할을 평가하지 않는다 / 충분히 자주 / 그래서 여러 해 동
in positions for years / longer than they should, / settling for suboptimal
안 같은 자리에 머문다 / 그들이 그래야 하는 것보다 오래 / 차선의 상황에 안주하면서
situations. / There isn't a magic number / for the amount of time / you
/ 마법의 숫자는 없다 / 시간의 양에 대한 /
should stay in one role / before **evaluating** whether it's right or not. / But
당신이 한 역할에 머물러야 하는 / 그것이 옳은지 아닌지 평가하기 전에 / 하지
it makes sense / to think about how often you do. / Some people readjust
만 그것은 의미가 있다 / 얼마나 자주 당신이 그렇게 하는지 생각해 보는 것 / 어떤 사람들은 자신의 삶을
their lives daily or weekly, / **constantly optimizing**. / Others wait years
매일 또는 매주 재조정한다 / 지속적으로 최적화하며 / 다른 사람들은 몇 년을 기다
/ before noticing / that they've **ended up** far from where they had hoped to
린다 / 알아채기 전에 / 자신이 원했던 곳으로부터 멀리 떨어진 곳에 와 있게 되었음을
be. / The more **frequently** you **assess** your situation, / looking for ways to
/ 당신의 상황을 보다 자주 평가할수록 / 문제 해결 방법을 찾으면서
fix problems, / the more likely you are to find yourself / in a position where
/ 당신은 자신을 발견할 확률이 높다 / 상황이 잘 되어가는 위치에
things are going well.
있는

3 It is very important / to help poor countries, / but it's not simple. / We should
그것은 매우 중요하다 / 가난한 나라를 돕는 것은 / 하지만 그것은 간단하지 않다 / 우리는 돈
be giving money or food / **directly** to the poor / in **emergencies** like an
이나 음식을 줘야 한다 / 가난한 자들에게 직접 / 지진이나 홍수 같은 응급 상황에서
earthquake or flood. / In less **emergent** situations, / however, / **providing**
/ 덜 긴급한 상황에서 / 하지만 / 음식을 주는
food / can make people **dependent**. / If a **developed** country gives food /
것은 / 사람들을 의존적으로 만들 수 있다 / 만약 선진국이 음식을 준다면 /
to a poor country, / its local farmers / will find it difficult / to **produce** food
가난한 나라에 / 그 나라의 지역 농부들은 / 그것이 어려움을 알게 될 것이다 / 팔 음식을 생산하

to sell. / We need to help poor people / to **earn** their own money, / or to
는 것 / 우리는 가난한 사람들을 도와야 한다 / 그들 스스로 돈을 벌도록 / 또는 그

produce their own food. / Just giving them / money or food / is not a good
들 스스로 음식을 생산하도록 / 그저 그들에게 주는 것은 / 돈이나 음식을 / 좋은 생각이 아니다

idea. / We have to find a way / to help them / stand on their own two feet.
/ 우리는 방법을 찾아야 한다 / 그들을 도울 / 그들 스스로의 발로 일어서도록

4 We've all met people / who limit their lives in the **narrowest** possible
우리는 모두 사람들을 만나왔다 / 자신의 삶을 가능한 가장 좁은 범주 안으로 한정하는 사람들을

terms. / They are determined to stay / in a limited **comfort** zone. / Some
/ 그들은 머물기로 결심한다 / 제한된 안전 지역 안에 / 어떤 사

people **avoid** the **opportunity** to make a public presentation / because it
람들은 대중 앞에서 발표할 기회를 회피한다 / 그것이 그들을

makes them **nervous**. / Others **reject** a chance to study **abroad** / because
불안하게 만들기 때문에 / 다른 사람들은 해외에서 공부할 기회를 거절한다 / 그들은 자

they don't consider themselves **adventurous**. / People **become** trapped / by
신이 모험적이지 않다고 행각하기 때문에 / 사람들은 갇히게 된다

their own conception of their limits, / so they become angry / at even being
/ 그들 스스로가 생각하는 자신들의 한계라는 개념에 의해 / 그래서 그들은 화를 낸다 / 자신을 넘어서라는

asked to step beyond them. / This attitude toward life, however, / is a **huge**
요구만 들어도 / 인생에 대한 이런 태도는, 하지만, / 큰 실수이다

mistake. Welcome new **challenges** / at every turn, / saying yes as often as
새로운 도전을 받아들여라 / 모든 단계에서 / 가능한 자주 좋다고 말하면서

possible.

Review Test DAY 23 - DAY 24

A 영어는 우리말로, 우리말은 영어로 쓰시오.

1. absence	______	11. 고치다	______
2. crucial	______	12. 거대한	______
3. optimize	______	13. 방어	______
4. assault	______	14. 기회	______
5. reject	______	15. 위급 상황	______
6. abroad	______	16. 역할	______
7. stimulate	______	17. 약화시키다	______
8. assess	______	18. 제공하다	______
9. strive	______	19. 피할 수 없는	______
10. constantly	______	20. 회피하다	______

B 빈칸에 알맞은 말을 고르시오.

became capability dependent evaluate narrow

1. Your pay is ______ on your work experience.
2. The weather ______ warmer.
3. We need to ______ our options.
4. His shoulders are very ______.
5. That task is beyond my ______.

C 우리말과 일치하도록 빈칸에 맞는 말을 쓰시오.

1. 계속 신발을 신지 않고 바깥에 나가면 결국 감기에 걸릴 거야.
   → If you keep going outside without shoes, you'll (   ) catching a cold.

2. 그녀는 늘 새 요리법을 시도하는 모험심 있는 요리사이다.
   → She is an (   ) cook who is always trying new recipes.

3. 그 스키 언덕은 높은 수준의 도전 과제를 제공한다.
   → The ski slope offers a high degree of (   ).

D 다음 우리말에 맞도록 영작하시오.

1. 우리는 그들이 돈을 버는 것을 도와줄 방법을 찾아야 한다.

2. 그는 그가 원했던 곳에서 한참 먼 곳에 와 있었다.

3. 관계에 있어서의 갈등이란, 그들이 곤란에 처해 있음을 의미한다.

4. 사람들은 대중 앞에서 발표하기를 피한다.

Review Test 정답

A **1.** 부재 **2.** 결정적인 **3.** 최적화하다 **4.** 공격 **5.** 거절하다 **6.** 해외로 **7.** 자극하다 **8.** 평가하다 **9.** 노력하다 **10.** 지속적으로 **11.** fix **12.** huge **13.** defense **14.** opportunity **15.** emergency **16.** role **17.** weaken **18.** provide **19.** unavoidable **20.** avoid

B **1.** dependent **2.** became **3.** evaluate **4.** narrow **5.** capability

C **1.** end up **2.** adventurous **3.** challenge

D **1.** We have to find a way to help them earn money.
2. He has ended up far from where he had hoped to be.
3. Conflict within a relationship means that they are in trouble.
4. People avoid making a public presentation.

DAY 25 - DAY 26

appointment
[əpɔ́intmənt]

명 약속, 예약

I have an **appointment** to see my teacher this Saturday.
나는 이번 주 토요일에 선생님을 만나기로 약속이 되어있다.

atmosphere
[ǽtməsfiər]

명 분위기

The **atmosphere** at home was rather tense.
집안 분위기에 긴장감이 감돌았다.

available
[əvéiləbl]

형 이용 가능한, 구할 수 있는

Tickets are **available** from the box office.
표는 매표소에서 구입하시면 됩니다.

central
[séntrəl]

형 중앙의, 중요한

center 명 중앙

He lives in **central** Seoul.
그는 서울의 중심부에 살고 있다.

component
[kəmpóunənt]

명 성분, 구성 요소

He was keeping spare computer **components**.
그는 여분의 컴퓨터 부품을 간직하고 있었다.

connect
[kənékt]

동 연결하다

connection 명 연결

Connect the cable to the battery.
케이블을 배터리에 연결해라.

distribution
[dìstrəbjú:ʃən]

명 분배

distribute 동 분배하다

Brazil has a very unequal **distribution** of wealth.
브라질은 부의 분배가 매우 불균등하다.

effect
[ifékt]

명 효과, 영향

effective 형 효과적인

They are studying the chemical's **effect** on the environment.
그들은 그 화학물질이 환경에 미치는 영향을 연구하고 있다.

employee
[implɔ́iiː]

명 **직원**

employ 동 고용하다

The **employees** worked a ten-hour day.
그 직원들은 하루 10시간 근무했다.

> 접사 **-ee** → '~하는 사람', '~받는 사람'을 의미한다.
> **a trainee** 연수 받는 사람 / **the payee** 급료를 받는 사람 / **interviewee** 인터뷰에서 대답하는 사람

---

exhausted
[igzɔ́ːstid]

형 **지친**

You look absolutely **exhausted**.
너 완전히 지쳐 보인다.

---

experience
[ikspíəriəns]

동 **경험하다, 겪다**

Are you **experiencing** any pain?
고통을 겪고 있나요?

---

forgetful
[fərgétfəl]

형 **망각의**

forget 동 잊다

We become more **forgetful** as we get older.
우리는 나이가 들면서 더욱 건망증이 심해진다.

---

general
[dʒénərəl]

형 **전반적인, 일반적인**

generally 부 일반적으로

I have a **general** idea of my speech.
나는 내 연설에 대한 전반적인 아이디어를 가지고 있다.

---

inefficient
[ìnifíʃənt]

형 **비효율적인**

The delivery system was very **inefficient**.
배송 체계가 매우 비효율적이었다.

> 접사 **in-** → not을 의미하며 un-, il-, im-, ir-도 같은 의미를 나타낸다.
> **in**sensitive 둔감한 / **in**cautious 조심성 없는 / **in**complete 불완전한

---

intake
[íntèik]

명 **흡입량, 입력**

Reduce your **intake** of salt and sugar.
소금과 설탕 먹는 양을 줄여라.

---

lack
[læk]

동 **부족하다**

They **lacked** the skills required for the job.
그들은 그 일에 필요한 기술이 부족했다.

medication
[mèdəkéiʃən]

명 약

Are you taking any **medication**?
복용 중인 약이 있나요?

monitor
[mánitər]

동 감시하다

Staff will **monitor** his progress.
직원들이 그의 진행사항을 모니터링할 것이다.

norm
[nɔ:rm]

명 기준, 평균

normal 형 평균의

Fast cars have become the **norm**.
빠른 자동차가 일반화되었다.

overload
[òuverlóud]

동 짐을 너무 많이 싣다

Monday is **overloaded** with meetings.
월요일은 회의들로 가득 차있다.

own
[oun]

동 소유하다

owner 명 주인

I've always wanted to **own** a house by the sea.
나는 언제나 바닷가에 집을 하나 소유하고 싶었다.

partial
[pá:rʃəl]

형 부분적인

He only received a **partial** refund.
그는 일부만 환불받았다.

perceive
[pərsí:v]

동 인지하다, 인식하다

perception 명 인식

Computers were often **perceived** as a threat.
컴퓨터는 종종 위협으로 인식되었다.

positive
[pázətiv]

형 긍정적인

positively 부 긍정적으로

Try to think **positive** thoughts.
긍정적인 생각을 하려고 노력해라.

pressure
[préʃər]

명 **압력**

press 동 압박하다

Apply **pressure** to the wound to stop the bleeding.
출혈을 멎게 하려면 상처 난 곳을 눌러줘라.

prevention
[privénʃən]

명 **방지**

prevent 동 방지하다

Exercise plays a role in the **prevention** of heart disease.
운동은 심장병 방지에 기여한다.

productive
[prədʌ́ktiv]

형 **생산적인**

product 명 상품

I am more **productive** in the morning.
나는 아침에 보다 생산적이다.

readily
[rédəli]

부 **쉽게**

ready 형 준비가 된

The information is **readily** accessible on the Internet.
정보는 인터넷에서 쉽사리 찾아볼 수 있다.

release
[rilíːs]

동 **배출하다, 유출되다**

Oil was **released** into the sea.
기름이 바다로 유출되었다.

relieve
[rilíːv]

동 **완화하다**

Drugs helped to **relieve** the pain.
약이 통증을 완화하는 데 도움이 됐다.

remote
[rimóut]

형 **외딴**

My grandfather is from a **remote** island.
나의 할아버지는 외진 섬 출신이시다.

responsible
[rispάnsəbl]

형 **책임이 있는**

responsibility 명 책임

He was **responsible** for the accident.
그가 그 사고에 책임이 있었다.

restless
[réstlis]

형 들떠 있는

The boys were **restless** and wanted to go outside.
소년들은 들떠있었고 바깥으로 나가고 싶었다.

revive
[riváiv]

동 소생하게 하다

The economy is beginning to **revive**.
경제가 소생하기 시작하고 있다.

접사 **re-** → '뒤에', '다시'라는 의미를 갖는다.
remain 남다 / **refill** 다시 채우다 / **recover** 회복하다

revolution
[rèvəlúːʃən]

명 혁명

The role of women has changed since the **revolution**.
혁명 이후 여성의 역할이 바뀌었다.

risk
[risk]

명 위험

risky 형 모험적인

Most major changes involve some **risk**.
대부분의 큰 변화는 다소의 위험을 포함한다.

sector
[séktər]

명 분야

The country's industrial **sector** continues to grow.
그 나라의 산업 분야가 계속 성장하고 있다.

shrink
[ʃriŋk]

shrank, shrunk 동 수축하다

shrinkage 명 수축

Meat **shrinks** as it cooks.
고기는 익으면서 수축한다.

vital
[váitl]

형 결정적인, 필수적인

Regular exercise is **vital** for your health.
규칙적인 운동은 당신의 건강에 필수적이다.

worth
[wəːrθ]

명 가치

worthy 형 가치가 있는

They estimated the current **worth** of the company.
그들은 그 회사의 현재 가치를 평가했다.

문맥으로 EXERCISE

• 끊어 읽기 표시에 맞춰 직독직해 연습을 하시오.

1 Several studies have found that / pet **owners** have lower blood **pressure**,
여러 연구들은 밝혀냈다 / 애완동물 주인들은 혈압이 낮음을
/ a reduced **risk** of heart disease, / and lower levels of stress. / Pets can
/ 심장병 위험이 적으며 / 스트레스 수준이 낮음을 / 애완동물들은
also be a plus / in the workplace. / A study found that / in the course of
또한 이로울 수 있다 / 직장에서 / 한 연구가 밝혀냈다 / 근무일 동안
workday, / stress levels decreased / for workers who brought in their dogs.
/ 스트레스 수준이 낮아졌음을 / 자신의 개를 데려온 직원들에게 있어서
/ The differences in **perceived** stress / between days the dog was present
/ 인지된 스트레스의 차이는 / 개가 있던 날과 없던 날 중에서
and absent / were significant. / The **employees** / as a whole had a higher
/ 현저했다 / 직원들은 / 대체로 보다 높은 근무 만족을 보였다
job satisfaction / than industry **norms**. / Having a dog in the office / had a
/ 산업 평균보다 / 사무실에 개가 있는 것은 / 긍정적인
positive effect / on the **general atmosphere**, / **relieving** stress and making
효과를 보였다 / 전반적인 분위기에 / 스트레스를 줄이고 주변 사람들 모두를
everyone around happier. / Pet presence may serve as a low-cost wellness
보다 행복하게 하면서 / 애완동물의 존재는 저비용 복지 해법의 역할을 수행할 수도 있다
solution / **readily available** to many organizations.
/ 많은 기업들이 쉽게 이용 가능한

2 Across the developing world today, / the "mobile health" **revolution** / —
오늘날 발전하고 있는 세계에서 / 모바일 건강 혁명 /
mobile phones used as tools for healthcare— / is **responsible** for a number
즉 건강관리를 위해 이용되는 휴대전화는 / 여러 개선점을 책임졌다
of improvements. / Mobile phones are now used / to **connect** patients
/ 휴대전화는 현재 이용된다 / 환자와 의사를 연결하는 데
to doctors, / to **monitor** drug **distribution**, / and to share basic health
/ 의약품 유통을 감시하는 데 / 그리고 기본적 건강 정보를 공유하는 데
Information / that isn't available locally. / Mobile phones are tools / to send
/ 지방에서는 이용할 수 없는 / 휴대폰은 도구이다 / 약물 치료와
reminders about **medication** and **appointments** / to patients. / The **central**
검진 약속에 관한 알림 메시지를 전송하는 / 환자들에게 / 가난한 나라의
problems of health **sectors** in poor places— / clinics without enough staff,
의약계에서 핵심적 문제들은 / 즉 직원이 부족한 병원
/ patients in **remote** places, / too few medications or **inefficient** distribution
/ 오지에 있는 환자들 / 너무 적은 의약품 또는 비효율적인 의약품 분배
of them, / and misinformation about vaccines and disease **prevention**— /
/ 그리고 백신과 질병 예방에 관한 잘못된 정보 등 /
will all find at least **partial** solutions / through connectivity.
적어도 부분적이나마 해결책을 찾을 것이다 / 휴대전화의 연결성을 통해

3 While you are at work, / you may dream about a month of Sundays, / but
당신은 직장에 있는 동안 / 당신은 일요일로 가득한 한 달을 꿈꿀지도 모르겠다 / 하지
your boss wishes for a week of Tuesdays. / What makes Tuesday special?
만 당신의 업주는 화요일만 있는 한 주를 소망한다 / 무엇이 화요일을 특별하게 할까?
/ Monday is **overloaded** with meetings / to "get things moving," / which
/ 월요일은 회의로 꽉 차있다 / 일을 진행시키기 위한 / 회의들
aren't very **productive**. / Wednesday is "hump day"/ —just get over it, / a
은 그리 생산적이지 못하다 / 수요일은 고난의 날이다 /그냥 이겨내자
worker thinks. / On Thursday, people become **exhausted**; / and on Friday,
/ 직원은 생각한다 / 목요일에 사람들은 지치게 된다 / 그리고 금요일에는

everybody is thinking about the weekend. / On Tuesdays, / employees hit
모두들 주말에 대해 생각한다 / 화요일에 / 직원들의 업무수행은

peak performance / because they are very focused on day-to-day activities. /
최고다 / 왜냐하면 그들은 하루하루의 업무에 매우 집중하기 때문이다 /

Also, Tuesday is usually the first day of the week / that they're focused on
또한, 화요일은 보통 한 주의 첫 날이다 / 그들 본연의 직무에 집중하는

their own task. / In 10 hours, they're doing 20 hours **worth** of work.
/ 10시간 안에 그들은 20시간 분량의 업무를 수행한다

4 Are you a **forgetful** student? / Do you often **experience** headaches? / Then
당신은 건망증이 있는 학생인가? / 당신은 자주 두통을 겪는가? / 그렇다

perhaps you just need to increase / your water **intake** / to **revive** your brain
면 당신은 증가시켜야 할지도 모르겠다 / 물 섭취를 / 당신의 뇌 기능을 활성화시키

function. / It is known that / 85% of our brain tissue is water. / Hence, water
기 위해 / 다음과 같이 알려져 있다 / 우리 뇌조직의 85%가 물이다 / 그러므로, 물은 중대

is a **vital component** / for the smooth function of our brain. / And according
한 구성 요소다 / 우리 뇌의 원활한 기능을 위한 / 그리고 연구에 따르면

to research, / if a person's body is short of water, / his brain **releases** a
/ 만약 사람의 신체에 물이 부족하면 / 그의 뇌는 cortisol이라는 호르

hormone called cortisol / that has a **shrinkage effect** to the brain, / which
몬을 분비한다 / 그 호르몬은 뇌를 수축하는 효과를 가지고 있다 / 뇌는 그러

then decreases its memory power. / Inadequate water in the brain / is also
면 기억력이 감소한다 / 뇌에 물이 불충분한 것은 / 또한 주범

the culprit / of being forgetful, **restless** and slow. / Headaches are also more
이다 / 망각, 불안, 더딤의 / 두통 또한 더 자주 발생한다

frequent / when our brain **lacks** water. / So never ever let yourself get thirsty
/ 우리의 뇌에 물이 부족할 때 / 그러니 절대 스스로 목마르게 하지 말자

/ because you are making your brain **shrink**, become restless and forgetful.
/ 그렇게 하는 것은 자신의 뇌를 수축시켜, 불안하고 망각하기 쉽게 만드는 것이기 때문이다

Review Test DAY 25 - DAY 26

A 영어는 우리말로, 우리말은 영어로 쓰시오.

1. atmosphere ____________
2. effect ____________
3. inefficient ____________
4. release ____________
5. distribution ____________
6. partial ____________
7. prevention ____________
8. norm ____________
9. remote ____________
10. appointment ____________
11. 지친 ____________
12. 생산적인 ____________
13. 감시하다 ____________
14. 분야 ____________
15. 소유하다 ____________
16. 연결하다 ____________
17. 압력 ____________
18. 부족하다 ____________
19. 혁명 ____________
20. 긍정적인 ____________

B 빈칸에 알맞은 말을 고르시오.

employees　forgetful　general　intake　overloaded

1. Reduce your ____________ of salt and sugar.
2. The ____________ worked a ten-hour day.
3. Monday is ____________ with meetings.
4. We become more ____________ as we get older.
5. I have a ____________ idea of my speech.

C 우리말과 일치하도록 빈칸에 맞는 말을 쓰시오.

1. 소년들은 들떠있었고 바깥으로 나가고 싶었다.
   → The boys were (   ) and wanted to go outside.

2. 그들은 그 회사의 현재 가치를 평가했다.
   → They estimated the current (   ) of the company.

3. 그는 여분의 컴퓨터 부품을 간직하고 있었다.
   → He was keeping spare computer (   ).

D 다음 우리말에 맞도록 영작하시오.

1. 애완동물 주인들은 혈압이 보다 낮고 스트레스 수준도 보다 낮다.

2. 휴대전화는 기본적 건강 정보를 공유하는 데에도 이용된다.

3. 보통 월요일은 회의로 꽉 차 있다.

4. 당신은 얼마나 자주 두통을 겪는가?

Review Test 정답

A 1. 분위기 2. 효과, 영향 3. 비효율적인 4. 배출하다, 유출되다 5. 분배 6. 부분적인 7. 방지 8. 기준, 평균 9. 외딴 10. 약속, 예약 11. exhausted 12. productive 13. monitor 14. sector 15. own 16. connect 17. pressure 18. lack 19. revolution 20. positive

B 1. intake 2. employees 3. overloaded 4. forgetful 5. general

C 1. restless 2. worth 3. components

D 1. Pet owners have lower blood pressure and lower levels of stress.
2. Mobile phones are also used to share basic health information.
3. Usually Monday is overloaded with meetings.
4. How often do you experience headaches?

DAY 27 - DAY 28

accelerate
[æksélərèit]

동 **가속화하다**
acceleration 명 가속
Suddenly the car **accelerated** and shot forward.
그 차는 갑자기 속도를 내더니 총알같이 앞으로 질주했다.

accessible
[æksésəbəl]

형 **접근하기 쉬운**
access 명 접근
The mall is **accessible** from the highway.
그 백화점은 고속도로에서 진입 가능하다.

accomplishment
[əkámpliʃmənt]

명 **성취, 성과**
accomplish 동 성취하다
They are proud of all her academic **accomplishments**.
그들은 그녀의 모든 학업적 성취에 대해 자랑스러워한다.

appreciation
[əprìːʃiéiʃən]

명 **감사**
appreciate 동 감사하다
She never showed **appreciation** for our effort.
그녀는 우리의 노력에 대해 감사를 표한 적이 없다.

arrive
[əráiv]

동 **도착하다**
arrival 명 도착
What time does the plane **arrive** in Incheon?
비행기가 인천에 언제 도착하죠?

assemble
[əsémbəl]

동 **모으다, 모이다**
assembly 명 모임
The students **assembled** outside the classroom.
학생들이 교실 바깥에 모였다.

borrow
[bárou]

동 **빌리다**
I **borrowed** a camera from Jason.
나는 Jason에게서 카메라를 빌렸다.

budding
[bʌ́diŋ]

형 **신생의**
This short story competition is designed to encourage **budding** authors.
이 단편 소설 경연대회는 신생 작가들을 격려하기 위해 만들어졌다.

close
[klous]

형 **가까운**

Neil sat on a chair **close** to the window.
Neil은 창문에서 가까운 의자에 앉았다.

발음주의 **close**가 동사로서 '닫다'라는 의미일 때는 [klouz]로 발음하고 형용사로서 '가까운'이라는 의미일 때는 [klous]로 발음한다.

contrary
[kάntreri]

형 **반대인**

Contrary to popular belief, a desert can be very cold.
많은 사람들의 믿음과는 반대로, 사막은 매우 추울 수 있다.

convenient
[kənvíːnjənt]

형 **편리한**

convenience 명 편의

Taking buses is fast, **convenient**, and cheap.
버스를 타는 것이 빠르고, 편하고, 저렴하다.

copy
[kάpi]

동 **복제하다**

To **copy** a file, press the black button.
파일을 복사하려면 검은 버튼을 누르시오.

correct
[kərékt]

형 **옳은**

Score ten points for each **correct** answer.
옳은 답에 10점씩 매겨라.

dedication
[dèdikéiʃən]

명 **헌신**

dedicate 동 바치다

I admire her **dedication** to the job.
나는 그가 업무에 쏟는 헌신을 존경한다.

delivery
[dilívəri]

명 **배송**

deliver 동 배달하다

Our shop offers free **delivery**.
저희 가게는 무료 배송을 제공합니다.

despite
[dispáit]

전 **~에도 불구하고**

Despite all our efforts to save the library, they decided to close it.
도서관을 구하려는 우리의 노력에도 불구하고 그들은 그것의 문을 닫기로 결정했다.

destroy
[distrɔ́i]

동 **파괴하다**

destruction 명 파괴

The museum was completely **destroyed** by fire.
그 박물관은 화재로 완전히 파괴되었다.

distinguish
[distíŋgwiʃ]

동 **구별하다**

It's not easy to **distinguish** between the two of them.
그들 둘을 구별하는 것은 쉽지 않다.

essential
[isénʃəl]

형 **본질적인, 원칙적인**

essentially 부 원칙적으로

There's no **essential** difference between the two products.
두 제품 사이에 본질적인 차이는 없다.

exist
[igzíst]

동 **존재하다**

existence 명 존재

Dragons don't **exist**.
용은 존재하지 않는다.

headquarters
[hédkwɔ̀ːrtərz]

명 **본부, 본사**

The UN **headquarters** are in New York.
유엔 본부는 뉴욕에 있다.

increasingly
[inkríːsiŋli]

부 **점차**

increasing 형 증가하는

Marketing methods are becoming **increasingly** complex.
마케팅 방식이 점차 복잡해지고 있다.

individual
[ìndəvídʒuəl]

형 **개인의, 개별적인**

Each **individual** leaf on the tree is different.
나무에 난 각각의 잎이 다르다.

license
[láisəns]

동 **~에 면허를 주다**

The restaurant has now been **licensed** to sell liquor.
그 음식점은 이제 술을 팔도록 면허를 받았다.

mention
[ménʃən]

동 ~에 대해 언급하다

I **mentioned** the problem to you last week.
내가 지난주에 너에게 그 문제에 대해 언급했잖아.

permission
[pəːrmíʃən]

명 허락

permit 동 허락하다

He gave me his **permission** to go home early.
그가 나에게 집에 일찍 가도록 허락해줬다.

pollution
[pəlúːʃən]

명 오염

pollute 동 오염시키다

The fish are dying of **pollution**.
물고기들이 오염으로 죽어가고 있다.

preserve
[prizə́ːrv]

동 보존하다

The fossil was well **preserved**.
그 화석은 잘 보존되어 있었다.

recent
[ríːsənt]

형 최근의

recently 부 최근에

That was the biggest earthquake in **recent** history.
그것은 최근의 역사상 가장 큰 지진이었다.

result
[rizʌ́lt]

명 결과

The **results** will be announced soon.
결과는 곧 발표될 것이다.

retire
[ritáiər]

동 은퇴하다

retirement 명 은퇴

He **retired** at 70.
그는 70세에 은퇴했다.

ride
[raid]

rode, ridden 동 타다

He was **riding** a large horse.
그는 큰 말을 타고 있었다.

right
[rait]

명 권리

You have no **right** to speak to me like that!
너는 나한테 그렇게 말할 권리가 전혀 없어!

select
[silékt]

동 고르다

Please **select** one ball from the box.
상자에서 공을 하나 고르시오.

sincere
[sinsíər]

형 진심의, 진정한

sincerity 명 진심

He has a **sincere** interest in painting.
그는 그림에 진정한 관심이 있다.

steal
[sti:l]

stole, stolen 동 훔치다

He **stole** a cookie from the cookie jar.
그는 쿠키 항아리에서 쿠키를 하나 훔쳤다.

subscribe
[səbskráib]

동 ~를 구독신청하다

subscriber 명 구독자

If you **subscribe** today you'll get your first issue free!
오늘 구독신청하시면 첫 번째 호를 무료로 받으실 겁니다.

suffer
[sʌ́fər]

동 고생하다

He **suffered** an injury during the match.
그는 경기하는 동안 부상으로 고생했다.

task
[tæsk]

명 직무

Your first **task** is to gather information.
당신의 첫 번째 직무는 정보를 수집하는 것이다.

on behalf of ~대신에

I accepted the award **on behalf of** the whole class.
나는 반 전체를 대신해서 그 상을 받았다.

문맥으로 EXERCISE

• 끊어 읽기 표시에 맞춰 직독직해 연습을 하시오.

1 **On behalf** of the Board of Directors and Officers of the Heyerdahl
Heyerdahl 주식회사 임원 및 이사진을 대표하여
Corporation, / I would like to express **sincere appreciation** and
/ 진심어린 감사와 축하를 표하고자 합니다
congratulations / to Davis Construction Company / for successfully
/ Davis 건설 회사에 / Woodtown에 소재한 우리
completing the reconstruction of our **headquarters** building in Woodtown,
회사의 본사 건물을 성공적으로 완공해 준 점에 대해
/ which was **destroyed** by fire last year. / Your company has **distinguished**
/ 작년 화재로 소실된 / 당신의 회사는 스스로를 빛냈습니다
itself / as a leader in the construction industry / by performing / what
/ 건설 산업의 선도 회사로서 / 완수함으로써 / 거의 불
appeared to be an almost impossible **task**. / Working under difficult
가능해보였던 임무를 / 어려운 여건과 앞당겨진 건설 스케줄
conditions and **accelerated** construction schedules, / your company
하에서 일하면서도 / 당신의 회사는 그 건물을
completed the building on June 1, / as scheduled. / This **accomplishment**
6월 1일에 완공했습니다 / 계획대로 / 이 성과는 뛰어난 전문 엔지니어
is a **result** of the fine group of professional engineers and skilled craftsmen
들과 숙련된 기술자들
/ you **assembled** on site, / and of the **individual** skill / and **dedication** of
/ 당신이 현장에서 모집한 / 그리고 개인들의 기술과 / 당신의 프로젝트 책임자인
your project manager, David Wallace.
David Wallace의 헌신의 결과입니다

2 Good news for book lovers!
책 애호가를 위한 좋은 소식!

Here's a good website for all of you. / It's called Easy Books. / Its service
여러분 모두를 위한 좋은 웹 사이트가 있습니다. / 이름은 Easy Books입니다. / 이 서비스는 매

is very easy to use. / You just look through the online catalog, / **select** your
우 사용하기 편합니다 / 당신은 그저 온라인 도서목록을 살펴보세요 / 책을 선택하세요

books, / and wait for them to **arrive**. / The doortodoor **delivery** service is
/ 그리고 그것들이 도착하기를 기다리세요 / 문 앞까지 배달되는 서비스는 매우 편리합니다

very **convenient** / for people who don't have time to go to the library. / You
/ 도서관에 갈 시간이 없는 사람들에게 / 당신은

can enjoy reading new books / without stepping out of your home. / Also
책 읽기를 즐길 수 있습니다 / 집 밖으로 나가지 않고서 / 가격

the price is quite good. / With only 10 dollars a month, / you can **borrow** up
또한 매우 저렴합니다 / 한 달에 단돈 10달러로 / 다섯 권까지 빌릴 수 있습

to five books / at a time. / What's better, / you can keep the books / as long
니다 / 한번에 / 더욱 좋은 것은 / 당신은 그 책들을 간직할 수 있습니다 / 당신이

as you want / with no late fee. / Join it, and you'll love it.
원하는 만큼 오래 / 연체료 없이 / 가입하세요, 만족하실 겁니다

3 The music business is very popular, / and many young people / like you /
음악 산업은 매우 인기가 있다 / 그래서 많은 젊은이들이 / 당신 같은 /

are attracted towards / this industry. / As music becomes more **accessible**, /
매력을 느낀다 / 이 산업에 / 음악이 접근하기 쉬워지면서 /

it is **increasingly** easy for music to be **copied**. / Some **budding** musicians /
음악은 점차 복제되기 쉬워진다 / 몇몇 신예 음악가들은 /

steal other people's work / by copying popular artists / and presenting it in
다른 사람의 작품을 훔친다 / 인기 있는 예술가들을 흉내 냄으로써 / 그리고 그것을 시장에 선보

the market / as their own work. / That is why music **licensing** is important.
임으로써 / 그들 자신의 작품으로서 / 그래서 음악에 저작권설정이 중요하다

/ To protect your original songs / from being **stolen** and copied, / you as
/ 당신의 원곡을 보호하기 위해 / 도용과 복제로부터 / 당신은 예

an artist / can license what you have made / and then sell the **right** / to use
술가로서 / 당신이 창작한 것에 저작권을 설정할 수 있다 / 그런 다음 그 권리를 팔 수 있다 / 당신의

your work / to others. / Then, although someone uses your music / without
작품을 사용할 권리를 / 다른 사람들에게 / 그런 다음, 누군가가 당신의 음악을 사용하더라도 / 허락 없이

permission, / you, the original artist, / can still get paid. / Licensing protects
/ 당신은, 원곡 작가로서 / 여전히 저작권료를 받을 수 있다 / 저작권 설정은 음

music / from being stolen / and **preserves** both new and older music, / and
악을 보호한다 / 도용으로부터 / 그리고 신곡과 지난 곡 모두를 보존한다 / 그래

this is why music licensing **exists**.
서 음악 저작권 설정이 존재하는 것이다

4 I have been a **subscriber** to your magazine / for about 15 years. / Your
저는 귀사의 잡지를 구독해왔습니다 / 약 15년간 / 귀사의

recent article on air **pollution**, / which **mentioned** Fresno in the San
공기 오염에 관한 최근 기사는 / California주 San Joaquin Valley의 Fresno를 언급한

Joaquin Valley of California, / was **essentially correct**. / However, / it may
/ 원칙적으로는 옳습니다 / 하지만 / 그것은

have given the impression / that Fresno is unlivable, / which is far from
다음과 같은 인상을 심어줬을 수도 있습니다 / Fresno는 살 곳이 못된다 / 그것은 사실과 거리가 멉

the truth. / The city is home to 500,000 living, breathing citizens, / and the
니다 / 그 도시는 살아 숨쉬는 50만 시민의 고향입니다 / 그리고 90

county some 900,000 souls. / We are not all **suffering**. / I **ride** my bike /
만 명의 도시입니다 / 우리 모두가 고통을 겪고 있는 것은 아닙니다 / 저는 제 자전거

nearly every day / and have yet to **suffer** any ill effects / **despite** being well
를 탑니다 / 거의 매일 / 그리고 아직 아무런 병을 앓지 않았습니다 / 은퇴할 나이를 한참 지났는

beyond **retirement** age. / We are **close** to Yosemite and Sequoia national
데도 / 우리는 Yosemite 국립공원 그리고 Sequoia 국립공원, 수많은 산 호수

parks, a number of mountain lakes and rivers, / and the Pacific Ocean is
와 강들과 가깝습니다 / 그리고 태평양에 쉽게 접근할 수 있

easily **accessible**. / So **contrary** to the impression left by some writers, / we
습니다 / 그러니 몇몇 작가들에 의해 남겨진 인상과는 반대로 / 우리

Fresnans are not all suffering / in some hell hole.
Fresno 주민들은 모두 고통을 겪고 있지 않습니다 / 지옥구덩이 같은 곳에서

Review Test DAY 27 – DAY 28

A 영어는 우리말로, 우리말은 영어로 쓰시오.

1. borrow	______________	11. 편리한	______________
2. distinguish	______________	12. 복제하다	______________
3. mention	______________	13. 파괴하다	______________
4. headquarters	______________	14. 허락	______________
5. suffer	______________	15. 신생의	______________
6. dedication	______________	16. 보존하다	______________
7. pollution	______________	17. 배송	______________
8. despite	______________	18. 존재하다	______________
9. steal	______________	19. 고르다	______________
10. accelerate	______________	20. 옳은	______________

B 빈칸에 알맞은 말을 고르시오.

assembled close individual results task

1. Neil sat on a chair ______________ to the window.
2. Each ______________ leaf on the tree is different.
3. The students ______________ outside the classroom.
4. The ______________ will be announced soon.
5. Your first ______________ is to gather information.

C 우리말과 일치하도록 빈칸에 맞는 말을 쓰시오.

1. 나는 반 전체를 대신해서 그 상을 받았다.
   → I accepted the award (   ) the whole class.

2. 그 백화점은 고속도로에서 진입 가능하다.
   → The mall is (   ) from the highway.

3. 그 음식점은 이제 술을 팔도록 면허를 받았다.
   → The restaurant has now been (   ) to sell liquor.

D 다음 우리말에 맞도록 영작하시오.

1. 그들은 건축을 계획대로 7월 7일에 완료했다.

2. 나는 내 친구들이 도착하기를 기다렸다.

3. 음악은 복제되기 매우 쉽다.

4. 당신의 기사는 진실과는 거리가 멀다.

Review Test 정답

A **1.** 빌리다 **2.** 구별하다 **3.** ~에 대해 언급하다 **4.** 본부, 본사 **5.** 고생하다 **6.** 헌신 **7.** 오염 **8.** ~에도 불구하고 **9.** 훔치다 **10.** 가속화하다 **11.** convenient **12.** copy **13.** destroy **14.** permission **15.** budding **16.** preserve **17.** delivery **18.** exist **19.** select **20.** correct

B **1.** close **2.** individual **3.** assembled **4.** results **5.** task

C **1.** on behalf of **2.** accessible **3.** licensed

D **1.** They completed the building on July 7 as scheduled.
2. I waited for my friends to arrive.
3. It is very easy for music to be copied.
4. Your article is far from the truth.

DAY 29 - DAY 30

age
[eidʒ]

동 **나이 들다**
The bridges are **ageing**, and some are unsafe.
다리들이 오래되어 몇몇은 안전하지 못하다.

agree
[əgríː]

동 **동의하다**
↔ disagree 동의하지 않다 agreement 명 동의
We don't always **agree** on everything, of course.
우리가 늘 모든 것에 동의하는 것은 물론 아니다.

allow
[əláu]

동 **허용하다**
Smoking is not **allowed** here!
여기서는 흡연이 허용되지 않습니다!

anxious
[ǽŋkʃəs]

형 **걱정하는**
anxiety 명 걱정
She gave me an **anxious** look.
그녀는 내게 걱정하는 모습을 보였다.

approach
[əpróutʃ]

동 **다가오다, 다가가다**
The cat **approached** the girl cautiously.
고양이가 그 소녀에게 조심스럽게 다가갔다.

around
[əráund]

전 **대략**
There are **around** 40,000 people in the stadium.
경기장에는 사람이 대략 4만 명 정도 있다.

assignment
[əsáinmənt]

명 **과제, 임무**
He went to France on a special **assignment**.
그는 특수 임무를 띠고 프랑스로 갔다.

attach
[ətǽtʃ]

동 **첨부하다**
attachment 명 첨부
I **attached** the file to the e-mail.
나는 이메일에 그 파일을 첨부했다.

attendant
[əténdənt]

명 직원

The parking **attendant** parked her car.
주차 안내 직원이 그녀의 차를 주차했다.

접사 **-ant** → '~하는 사람', '~하는 것'의 의미를 갖는다.
servant 고용인, 하인 / **expectant** 기대하고 있는 사람 / **observant** (법을) 엄수하는 사람

author
[ɔ́:θər]

명 작가, 저자

I can't remember the name of the **author**.
나는 그 저자의 이름을 기억하지 못한다.

cancel
[kǽnsəl]

동 취소하다

cancelation 명 취소

Our flight was **cancelled.** 우리의 비행이 취소되었다.

charge
[tʃɑ:rdʒ]

동 청구하다

The restaurant **charged** us $40 for the wine.
그 식당은 우리에게 와인 값으로 40달러를 청구했다.

decide
[disáid]

동 결심하다, 결정하다

decision 명 결정

The case will be **decided** by the Supreme Court.
그 소송 건은 대법원에 의해 결정이 될 것이다.

discover
[diskʌ́vər]

동 발견하다, 알아내다

discovery 명 발견

She soon **discovered** what had been going on.
그녀는 곧 무슨 일이 벌어지고 있었는지를 알아냈다.

접사 **dis-** → '거꾸로 하다'의 의미를 갖는다.
disconnect 연결을 끊다 / **dis**honesty 부정직 / **dis**approve 승인하지 않다

encourage
[inkə́:ridʒ]

동 격려하다, 권장하다

encouragement 명 격려

They **encouraged** and supported me.
그들은 나를 격려하고 지지해주었다.

접사 **en-** → '~하게 만들다'의 의미를 갖는다.
enlarge 크게 만들다 / **en**danger 위험에 처하게 만들다 / **en**force 집행하다

entry
[éntri]

명 **참가, 개입**

What's the closing date for **entries**?
참가 마감일이 언제죠?

explain
[ikspléin]

동 **설명하다**

explanation 명 설명

She carefully **explained** the procedure.
그녀는 조심스럽게 그 절차를 설명했다.

fiction
[fíkʃən]

명 **소설**

Randall wrote poetry as well as **fiction**.
Randall은 소설뿐만 아니라 시도 썼다.

finish
[fíniʃ]

동 **끝내다**

I've nearly **finished** my homework.
숙제를 거의 끝냈다.

grand
[grænd]

형 **큰**

His house was spacious and **grand**.
그의 집은 널찍하고 컸다.

grateful
[gréitfəl]

형 **고마워하는**

I'm so **grateful** for all your help.
당신의 모든 도움에 대해 정말 고맙게 생각합니다.

hold
[hould]

held, held 동 **잡고 있다, 들고 있다**

Could you **hold** my books for me?
내 책 좀 들고 있어 줄래?

invitation
[ìnvətéiʃən]

명 **초대, 초대장**

invite 동 초대하다

Did you get an **invitation** to Joe's party?
Joe의 파티 초대장을 받았니?

itinerary
[aitínərèri]

명 **여행 일정표, 여행 경로**

We planned a detailed **itinerary**.
우리는 상세한 여행 일정을 계획했다.

judge
[dʒʌdʒ]

명 심사위원

All entries will be examined by three **judges**.
모든 출품작은 세 명의 심사위원이 살펴볼 것입니다.

look
[luk]

동 ~하게 보이다

She **looked** very funny in her hat.
그녀는 모자를 쓴 모습이 매우 우스웠다.

matter
[mǽtər]

명 일, 문제

There are more important **matters** than this.
이것보다 중요한 문제들이 있다.

multiple
[mʌ́ltɪpl]

형 다양한

Jason was hospitalized with **multiple** stab wounds.
Jason은 여러 번 칼에 찔린 상처를 입고 입원했다.

promise
[prάmis]

동 약속하다

Our company **promised** us a bonus this year.
우리 회사는 우리에게 올해 보너스를 약속했다.

publish
[pʌ́bliʃ]

동 발행하다, 출판하다

The first edition of the book was **published** in 2016.
그 책의 초판이 2016년에 출판되었다.

purchase
[pə́:rtʃəs]

동 구입하다

I need to **purchase** new brown shoes.
나는 갈색 구두를 새로 사야 한다.

receive
[risí:v]

동 받다

She **received** a letter from him yesterday.
그녀는 어제 그에게서 편지를 받았다.

resolve
[rizɑ́lv]

동 **해결하다**

resolution 명 결의, 해결

The conflict was **resolved** by negotiations.
그 분쟁은 협상으로 해결되었다.

sponsor
[spɑ́nsər]

동 **후원하다**

A TV station **sponsored** the concert.
한 TV 방송국이 그 콘서트를 후원했다.

submit
[səbmít]

동 **제출하다**

All applications must be **submitted** by Friday.
지원서는 모두 금요일까지 제출되어야 한다.

trip
[trip]

명 **여행**

Did you enjoy your **trip** to Jeju?
제주 여행은 즐거웠니?

be about to 막 ~하려고 하다

I **am about to** leave the office.
나는 막 사무실을 나서려는 참이다.

hand in 제출하다

I forgot to **hand in** my test paper.
시험지 제출하는 것을 깜빡했다.

keep an eye on ~을 주시하다

Will you please **keep an eye on** my house while I'm on vacation?
내가 휴가 가 있는 동안 우리 집 좀 지켜봐 줄래?

specialize in ~을 전문으로 하다

This travel company **specializes in** European tours.
이 여행사는 유럽 투어를 전문으로 한다.

문맥으로 EXERCISE

• 끊어 읽기 표시에 맞춰 직독직해 연습을 하시오.

1 Dear Ms. White,
White 선생님께

My son, Michael, / got home from school / yesterday **around** 6 p.m. / after
제 아들 마이클이 / 학교에서 집에 돌아왔습니다 / 어제 저녁 6시쯤에 / 농구

the basketball match, / with four homework **assignments**. / By 11 p.m., / he
경기를 마치고 / 4가지 과제를 가지고 / 밤 11시까지 / 그

had completed only three: science, math and English. / He worked hard all
는 3가지만 끝냈습니다: 과학, 수학, 그리고 영어 / 그는 저녁 내내 열심히 했습

evening. / When he **was about to** start your homework, / I **decided** to stop
니다 / 그가 선생님의 과목을 시작하려고 했을 때 / 저는 그를 멈춰야겠다고 생각했습

him. / He **looked** exhausted, / so I made him pack up his books / and go to
니다 / 그는 지쳐보였습니다 / 그래서 제가 그에게 책을 챙기도록 했습니다 / 그리고 잠자

bed. / I **promised** him / that I would write to you / and **explain** the situation.
리에 들게 했습니다 / 제가 그에게 약속했습니다 / 선생님께 편지를 쓰겠다고 / 그리고 상황을 설명해 드리

/ Michael is **anxious** to **finish** your homework. / Would it be possible / to
겠다고 / 마이클은 선생님의 숙제를 꼭 끝내고 싶어합니다 / 가능할까요 / 그

allow him to do it / over the weekend / and **hand** it **in** next Monday? / We
에게 그렇게 하도록 허락하는 것이 / 주말 동안 / 그리고 다음 월요일에 제출하도록 하는 것이? / 매

would be very **grateful** / if you could agree to this.
우 감사하겠습니다 / 이에 동의해 주신다면요

2 Writers **aged** over thirteen from all countries / are **encouraged** to enter East
13세가 넘는 전 세계 작가들은 / East India Press Short Story Writing

India Press Short Story Writing Contest. / You should **submit** your story /
Contest에 참가할 것이 권장됩니다 / 작품을 제출해야합니다 /

by March 1, 2012. / There is no **entry** fee, / and they accept **fiction** / in any
2012년 3월 1일까지 / 참가비는 없습니다 / 그리고 그들은 소설을 접수합니다 / 어떤 장

genre. / The contest is **sponsored** / by East India Press, / **specializing in** the
르든 / 이 대회는 후원됩니다 / East India Press에 의해서 / 책 출판을 전문으로 하는

publishing of books / in **multiple** formats. / New York Times bestselling
/ 다양한 형태로 / 뉴욕 타임즈 베스트셀러 작가인 David

author, David Farland, / with over fifty **published** novels, / will be the
Farland 씨가 / 50권 넘는 소설을 출판한 / 심사를 맡을 것

judge.
입니다

3 Our round-the-world **trip** is **approaching** quickly / and we're getting a bit
우리의 세계 일주 여행이 빠르게 다가오고 있습니다 / 그리고 우리는 약간 걱정이 됩니다

anxious / about the **grand** adventure. / As we discussed a few weeks back,
/ 이 큰 모험에 대해서 / 우리가 몇 주 전에 논의했듯이

/ we would really appreciate you and Harold / **keeping an eye on** our house
/ 우리는 정말 당신과 해롤드 씨에게 감사드립니다 / 우리 집을 계속 관리해주시는 점에 대해

/ while we travel. / The post office will **hold** the mail, / and we've **canceled**
/ 우리가 여행하는 중에 / 우체국에서 우편물을 보류할 것입니다 / 그리고 우리는 신문을 취소했

the newspaper, / but please look for any package or fliers / that might still
습니다 / 하지만 소포나 전단지들을 꼭 살펴봐주기 바랍니다 / 그래도 배달될지도 모

be delivered / while we are away. / You have a key to the house. / I have
르는 / 우리가 멀리 떠나 있는 동안 / 당신은 우리 집의 열쇠를 가지고 있습니다 / 제가 첨부

attached / a copy of our complete **itinerary**, / including an emergency
했습니다 / 우리 전체 여행 일정 사본을 / 비상 전화번호와 이메일 주소를 포함

phone number and our email address. / Thanks again. / We **promise** / an
해서 / 다시 감사드립니다 / 약속합니다 / 우리

invitation to our house / when we return.
집에 초대할 것을 / 우리가 복귀하면

4 My wife and I visited your cinema / last month. / We **purchased** two tickets
제 아내와 저는 귀사의 영화관에 갔었습니다 / 지난 달에 / 우리는 표를 두 장 구매했습니다

/ which came to a total of $44. / At the time of purchase, / the **attendant** at
/ 총 합계가 44달러였습니다 / 구매를 할 당시 / 안내소의 직원이

the information desk / told us / they were having some problems / accepting
/ 우리에게 말했습니다 / 문제가 있다고 / 신용카드 지불

credit card payments. / At that time, / I was **anxious** about my credit card
을 승인하는 데 / 그때 / 저는 저의 신용카드 결제가 걱정되었습니다

payment, / but the **attendant** told me that / there was no problem with my
/ 하지만 그 직원은 우리에게 말했습니다 / 제 결제에 아무 문제가 없다고

payment. / However, / when I **received** my bank statement, / I **discovered**
/ 하지만 / 계좌 결제 내역을 받아보고 / 저는 발견했습니다

that / you **charged** my card twice. / I would be **grateful** / if you could
/ 귀사에서 제 카드를 두 번 결제한 것을 / 감사하겠습니다 / 만약 당신이 이 문제

resolve this **matter** quickly.
를 빨리 해결해 준다면

Review Test DAY 29 – DAY 30

A 영어는 우리말로, 우리말은 영어로 쓰시오.

1. allow	____________	11. 취소하다	____________
2. purchase	____________	12. 설명하다	____________
3. fiction	____________	13. 청구하다	____________
4. grand	____________	14. 제출하다	____________
5. invitation	____________	15. 과제, 임무	____________
6. multiple	____________	16. ~하게 보이다	____________
7. attach	____________	17. 약속하다	____________
8. receive	____________	18. 걱정하는	____________
9. agree	____________	19. 나이 들다	____________
10. author	____________	20. 후원하다	____________

B 빈칸에 알맞은 말을 고르시오.

approached   encouraged   resolved   grateful   attendant

1. The conflict was ____________ by negotiations.
2. The cat ____________ the girl cautiously.
3. I'm so ____________ for all your help.
4. They ____________ and supported me.
5. The parking ____________ parked her car.

C 우리말과 일치하도록 빈칸에 맞는 말을 쓰시오.

1. 이 여행사는 유럽 투어를 전문으로 한다.
   → This travel company (   ) in European tours.

2. 나는 사무실을 나서려는 참이다.
   → I (   ) leave the office.

3. 내가 휴가 가 있는 동안 우리 집 좀 지켜봐 줄래?
   → Will you please (   ) my house while I'm on vacation?

D 다음 우리말에 맞도록 영작하시오.

1. 그는 저녁 내내 숙제를 했다.

2. 보고서를 2017년 3월 4일까지 제출해야 합니다.

3. 우리가 멀리 떠나 있는 동안 우리 개들을 좀 돌봐 주세요.

4. 그는 우리에게 우리의 결제에 아무 문제가 없다고 말했다.

Review Test 정답

A **1.** 허용하다 **2.** 구입하다 **3.** 소설 **4.** 큰 **5.** 초대, 초대장 **6.** 다양한 **7.** 첨부하다 **8.** 받다 **9.** 동의하다 **10.** 작가, 저자 **11.** cancel **12.** explain **13.** charge **14.** submit **15.** assignment **16.** look **17.** promise **18.** anxious **19.** age **20.** sponsor

B **1.** resolved **2.** approached **3.** grateful **4.** encouraged **5.** attendant

C **1.** specializes **2.** am about to **3.** keep an eye on

D **1.** He did his homework all evening.
2. You should submit your report by March 4, 2017.
3. Please take care of our dogs while we are away.
4. He told us that there was no problem with our payment.

DAY 31 - DAY 32

abuse
[əbjú:s]

명 **학대**

They are suspected of child **abuse**.
그들은 아동 학대 의혹을 받고 있다.

addiction
[ədíkʃən]

명 **중독**

addictive 형 중독성이 있는

He has a drug **addiction**.
그는 약물 중독이 있다.

adjust
[ədʒʌ́st]

동 **조정하다**

adjustment 명 조정

He **adjusted** the volume on the radio.
그는 라디오 볼륨을 조정했다.

adventure
[ædvénʧər]

명 **모험**

They were looking for **adventure**.
그들은 모험을 찾고 있었다.

attempt
[ətémpt]

명 **시도**

All **attempts** to contain the protest have failed.
시위를 진압하려던 모든 시도는 실패했다.

both
[bouθ]

부 **둘 다**

He can **both** speak and write Japanese.
그는 일본어를 말하는 것과 쓰는 것 둘 다 할 수 있다.

choose
[ʧu:z]

chose, chosen 동 **선택하다**

It took us ages to **choose** a new computer.
우리는 새 컴퓨터를 선택하는 데 한참이 걸렸다.

claim
[kleim]

동 **주장하다**

The kids **claim** to have seen the fairies.
그 꼬마들이 요정을 봤다고 주장하고 있다.

complaint
[kəmpléint]

명 **불평**

complain 동 불평하다

They received over 1,000 letters of **complaint**.
그들은 1,000 건이 넘는 불평 편지를 받았다.

criticize
[krítəsàiz]

동 **비평하다, 나무라다**

All he does is **criticize** and complain.
그가 하는 일이라고는 비평하고 불평하는 것이다.

devil
[dévl]

명 **악마**

People believed a **devil** had taken control of his body.
사람들은 악마가 그의 몸에 침투해 그를 조종한다고 믿었다.

discard
[diskɑ́:rd]

동 **버리다, 폐기처분하다**

Remove the seeds from the watermelon and **discard** them.
수박에서 씨를 뺀 다음에 그것들을 버려라.

discourage
[diskə́:ridʒ]

동 **낙담시키다**

My father is a painter, and he **discouraged** me from entering the field.
나의 아버지는 화가이신데 나에게 그 분야로 들어오지 말라고 하셨다.

접사 **dis-** → '부정', '반대'의 의미를 가지고 있다.
dishonest 정직하지 못한 / **dis**advantage 단점 /
distrust 불신하다

emerge
[imə́:rdʒ]

동 **출현하다, 나타나다**

The sun **emerged** from behind the clouds.
태양이 구름 뒤에서 모습을 드러냈다.

escape
[iskéip]

동 **탈출하다**

They couldn't **escape** from the burning building.
그들은 불타고 있는 건물에서 탈출할 수 없었다.

estimate
[éstəmèit]

동 **추정하다**

We **estimated** how much paint we needed for the job.
우리는 그 일을 하는 데 페인트가 얼마나 필요할지 추정해봤다.

experiment
[ikspérəmənt]

명 실험

They did some **experiments** with magnets.
그들은 자석을 가지고 몇 가지 실험을 했다.

face
[feis]

동 ~에 직면하다, 맞서다

You have to **face** the truth that she no longer loves you.
너는 그녀가 너를 더 이상 사랑하지 않는다는 사실을 받아들여야 한다.

failure
[féiljər]

명 실패

fail 동 실패하다

Joe's plans ended in **failure**.
Joe의 계획들은 실패로 끝났다.

familiar
[fəmíljər]

형 친숙한

The voice from behind the door sounded **familiar**.
문 뒤에서 나는 소리가 친숙했다.

form
[fɔːrm]

동 형성하다

The boys **formed** a line behind their teacher.
남자 아이들이 그들의 선생님 뒤쪽에 줄지어 섰다.

frustrated
[frʌ́streitid]

형 좌절한

He gets **frustrated** when students don't understand what he's trying to say.
그는 그가 말하려고 하는 바를 학생들이 이해하지 못할 때 좌절감을 느낀다.

identify
[aidéntəfài]

동 ~을 찾아내다

They **identified** a number of problem areas.
그들은 수많은 문제 지역을 찾아냈다.

interest
[íntərəst]

동 ~의 흥미를 끌다

interesting 형 흥미로운

I can't find anything to read that **interests** me.
내 흥미를 끄는 읽을 거리를 하나도 찾을 수 없다.

issue
[íʃuː]

명 문제, 사안

He is concerned with a variety of social **issues**.
그는 다양한 사회 문제에 대해 걱정을 한다.

kidnap
[kídnæp]

동 유괴하다, 납치하다

She claims that she was once **kidnapped** by a devil.
그녀는 한때 자기가 악마에게 납치되었었다고 주장한다.

legend
[lédʒənd]

명 전설

legendary 형 전설적인

According to **legend**, here Robin Hood lies buried.
전설에 의하면 Robin Hood는 여기에 묻혀있다.

---

milestone
[máilstoun]

명 중요한 시점, 이정표

The new drug was regarded as a **milestone** in the treatment of heart disease.
그 신약은 심장질환 치료에 있어 획기적인 것으로 여겨졌다.

---

name
[neim]

동 ~라고 이름 짓다

We **named** our son Daebak.
우리는 아들의 이름을 대박이라고 지었다.

---

parenting
[pέərəntiŋ]

명 육아

This program aims to teach young couples **parenting** skills.
이 프로그램은 젊은 부부들에게 육아 기술을 가르치는 것을 목표로 하고 있다.

---

pastime
[pǽstàim]

명 소일거리, 취미활동

Reading is her favorite **pastime**.
독서는 그녀가 가장 좋아하는 취미활동이다.

---

professional
[prəféʃənl]

형 전문가의

profession 명 직업

You should seek **professional** advice.
당신은 전문가의 조언을 구해봐야겠습니다.

---

recovery
[rikʌ́vəri]

명 회복

recover 동 회복하다

He made a full **recovery**.
그는 완전히 회복했다.

---

regularly
[régjulərli]

부 규칙적으로, 정기적으로

regular 형 정기적인

It's important to exercise **regularly**.
운동을 규칙적으로 하는 것이 중요하다.

---

section
[sékʃən]

명 부문, 구역

Is there a smoking **section** here?
여기에 흡연 구역이 있나요?

share
[ʃɛər]

동 **함께 사용하다**

The four of us **shared** a taxi.
우리 네 명은 택시 한 대에 같이 탔다.

success
[səksés]

명 **성공**

succeed 동 성공하다

The experiment was a big **success**.
그 실험은 대성공이었다.

therapist
[θérəpist]

명 **치료사**

The **therapist** encouraged him to express his anxieties.
그 치료사는 그에게 걱정거리를 표출하라고 격려했다.

voluntary
[vάləntèri]

형 **자발적인**

Her job at the hospital is **voluntary**.
그녀가 병원에서 일하는 것은 자원봉사이다.

range from A to B 범위가 A에서부터 B까지 이르다

The winter weather **ranges from bad to terrible** in this part of the north.
이곳 북부 지방의 겨울 날씨는 범위가 나쁜 경우부터 끔찍한 경우까지 이른다.

think back on ~에 대해 돌이켜 생각해보다

I like to **think back on** my childhood and try to remember what it was like.
나는 내 유년시절을 돌이켜 생각해보고 그게 어땠는지 기억하려 하는 것을 좋아한다.

turn out ~임이 밝혀지다, 결과가 나오다

Have you heard how the game **turned out**?
게임 결과가 어떻게 나왔는지 들었니?

문맥으로 EXERCISE

• 끊어 읽기 표시에 맞춰 직독직해 연습을 하시오.

1 If you were a baseball fan / during the early 1960s, / you probably remember
당신이 야구 팬이라면 / 1960년대 초기 동안 / 당신은 아마도 한 야구 선수를

a baseball player / **named** Maury Wills. / From 1960 to 1966, / Wills was
기억할 것이다 / Maury Wills라는 이름의 / 1960년부터 1966년까지 / Wills는 기록을

a recordmaking base stealer. / In 1965, / a year when he stole more bases
세우던 도루 순수였다 / 1965년에 / 그가 다른 어떤 선수 보다 많은 도루를 했던

than any other player / in the major leagues, / he also held the record for the
해에 / 메이저리그에서 / 그는 도루를 하다 잡힌 횟수가 가장 많은

greatest number of times being caught stealing. / However, / if Wills had
기록도 가지고 있었다 / 하지만 / Wills가 스스로 좌

allowed himself to become **frustrated** / by his outs, / he would have never
절했더라면 / 아웃당하는 것에 의해 / 그는 어떤 기록도 세우지

set any records. / Thomas Edison said, / "I'm not **discouraged** / because
못했을 것이다 / 토마스 에디슨은 말했다 / "전 실망하지 않아요 / 망쳐버린

every wrong **attempt discarded** is another step forward." / Even though it
모든 잘못된 노력은 또 한 걸음의 전진이니까요." / 실패한 실험이 5천

is five thousand **experiments** that do not work, / the **milestones** on the road
번일지라도 / 성공에 이르는 길 위의 이정표는

to **success** / is always the **failures**.
/ 항상 실패다

2 Grandma does not know / which year she was born in. / I know / my father
할머니는 모르신다 / 자신이 언제 태어났는지 / 나는 안다 / 나의 아버지는

is fifty years old, / so I **estimate** that / she must be at least seventy. / She is
50세임을 / 그래서 나는 추정한다 / 그녀는 틀림없이 적어도 70세는 될 것이라고 / 그녀

healthier than my father. / In fact, / she has never been in the hospital / and
는 나의 아버지보다 건강하시다 / 사실 / 그녀는 입원하신 적이 없다 / 그리고

criticizes my father for being weak / and going to the hospital frequently.
아버지가 약하다고 나무라신다 / 그리고 병원에 자주 다니는 것에 대해

/ One of her **pastimes** is telling us a lot of stories / from **legends** and, best
/ 그녀의 소일거리 중의 하나는 우리에게 여러 가지 이야기를 해 주는 것이다 / 전설로부터 그리고 그 중 최

of all, ghost stories. / She has also told many stories, / which she **claims** are
고는 귀신 이야기들로부터 / 그녀는 또한 우리에게 많은 이야기를 해 주었다 / 그것들은 할머니가 주장하

her own **adventures**. / She even **claims** that / she was once **kidnapped** by a
기를 자신이 직접 겪은 모험이라고 한다 / 그녀는 이렇게 주장하기까지 한다 / 그녀가 한 번은 악마에게 납

devil / and **escaped** three days later.
치되었다고 / 그리고 3일 후에 탈출했다고

3 An increasing number of self-help groups have **emerged** / in recent years.
스스로 치료하는 사람들의 모임이 점점 증가하고 있다 / 최근 몇 년간

/ These **voluntary** groups / in which people **share** a particular problem /
/ 이러한 자발적 모임들은 / 모임에서 사람들이 특정 문제를 공유하는

are often conducted / without a **professional therapist**. / During **regularly**
/ 종종 운영된다 / 전문 치료사 없이 / 정기적으로 일정이 잡힌

scheduled meetings, / members **share** their stories, stresses, feelings, **issues**,
모임 동안 / 회원들은 그들의 이야기, 스트레스, 감정, 문제, 그리고 회복을 공유한다

and **recoveries**. / Information and knowledge are open and shared / rather
/ 정보와 지식은 개방되어 있고 공유된다 / 보호되고

than protected and controlled. / They learn that they are not alone; / they are
통제되기보다는 / 그들은 그들이 혼자가 아님을 알게 된다 / 그들은 유일

not the only ones / **facing** the problem. / Self-help groups have been **formed**
한 사람들이 아니다 / 그 문제에 직면하는 / 자가 치료 모임은 형성되어 왔다

/ to deal with problems / **ranging from** overeating and drug **addiction, to**
/ 문제들에 대처하기 위해 / 과식과 마약 중독에서부터 아동 학대, 편부 양육, 암 치료, 그리고 도박

child **abuse**, single **parenting**, **adjusting** to cancer, and gambling.
에 이르는

4 The biggest **complaint** of kids who don't read is / that they can't find
책을 읽지 않는 아이들의 가장 큰 불만은 / 그들이 읽을 책을 찾을 수 없

anything to read / that **interests** them. / This is where / we parents need to
다는 것이다 / 그들의 흥미를 끄는 / 여기가 그 지점이다 / 우리 부모가 더 잘해야 하는

do a better job / of helping our kids **identify** the genres that excite them.
/ 우리 아이들이 그들의 흥미를 끄는 장르를 찾아내는 것을 도와주는

/ The children's librarian / at your local public library, / your school librarian,
/ 어린이 담당 사서 / 여러분의 지역 공공 도서관에 있는 / 여러분의 학교 사서

/ or the manager of the kids' **section** / at a good bookstore / can help you
/ 또는 아동 도서 분야 담당자가 / 좋은 서점에 있는 / 여러분이 새 자료를

choose new material / that isn't **familiar** to you. / Also, / **think back on** the
고르는 것을 도울 수 있다 / 당신에게 익숙하지 않은 / 또한 / 여러분이 어릴 때 좋아했던

books you liked when you were a child. / My husband and I **both** enjoyed
책들을 돌이켜 생각해보라 / 내 남편과 나는 모두 책을 좋아했다

books / by Beverly Cleary / and it **turns out** / our kids love them, too.
/ Beverly Cleary가 쓴 / 그리고 알게 되었다 / 우리 아이들도 그 책들을 좋아하는 것을

Review Test DAY 31 – DAY 32

A 영어는 우리말로, 우리말은 영어로 쓰시오.

1. addiction	____________	11. 악마	____________
2. discourage	____________	12. 전설	____________
3. attempt	____________	13. 형성하다	____________
4. complaint	____________	14. 전문가의	____________
5. issue	____________	15. 성공	____________
6. adjust	____________	16. 탈출하다	____________
7. failure	____________	17. 실험	____________
8. claim	____________	18. 육아	____________
9. estimate	____________	19. 자발적인	____________
10. abuse	____________	20. 모험	____________

B 빈칸에 알맞은 말을 고르시오.

pastime　recovery　emerged　regularly　shared

1. He made a full ____________.
2. The four of us ____________ a taxi.
3. It's important to exercise ____________.
4. Reading is her favourite ____________.
5. The sun ____________ from behind the clouds.

C 우리말과 일치하도록 빈칸에 맞는 말을 쓰시오.

1. 이곳 북부 지방의 겨울 날씨는 범위가 나쁜 경우부터 끔찍한 경우까지 이른다.
   → The winter weather (   ) in this part of the north.

2. 나는 내 유년시절을 돌이켜 생각해보고 그게 어땠는지 기억하려 하는 것을 좋아한다.
   → I like to (   ) my childhood and try to remember what it was like.

3. 게임 결과가 어떻게 나왔는지 들었니?
   → Have you heard how the game (   )?

D 다음 우리말에 맞도록 영작하시오.

1. 아이들은 그들의 흥미를 끄는 어떤 것도 찾을 수 없었다.

2. 나는 그가 틀림없이 적어도 80세는 될 것으로 추정한다.

3. 그들이 그 문제에 직면하는 유일한 사람들이 아니다.

4. 그가 아웃당하는 것에 좌절했더라면 그는 어떤 기록도 세우지 못했을 것이다.

Review Test 정답

A **1.** 중독 **2.** 낙담시키다 **3.** 시도 **4.** 불평 **5.** 문제, 사안 **6.** 조정하다 **7.** 실패 **8.** 주장하다 **9.** 추정하다 **10.** 학대 **11.** devil **12.** legend **13.** form **14.** professional **15.** success **16.** escape **17.** experiment **18.** parenting **19.** voluntary **20.** adventure

B **1.** recovery **2.** shared **3.** regularly **4.** pastime **5.** emerged

C **1.** ranges from bad to terrible **2.** think back on **3.** turned out

D **1.** The children couldn't find anything that interests them.
2. I estimate that he must be at least eighty.
3. They are not the only ones facing the problem.
4. If he had become frustrated by his outs, he would have never set any records.

DAY 33 - DAY 34

accordingly
[əkɔ́ːrdiŋli]

부 적절히, 그에 맞춰
She still considered him a child and treated him **accordingly**.
그녀는 그를 여전히 아이로 여겼고 그에 맞게 다뤘다.

appear
[əpíər]

동 나타나다
A squirrel **appeared** all of a sudden.
다람쥐 한 마리가 갑자기 나타났다.

bond
[bɔnd]

명 유대
The experience formed a close **bond** between us.
그 경험은 우리 사이에 긴밀한 유대를 형성해줬다.

breakdown
[bréikdaun]

명 고장
A virus was causing my computer's **breakdown**.
바이러스가 내 컴퓨터에 고장을 일으키고 있었다.

cause
[kɔːz]

동 원인이 되다, 유발하다
The careless driver **caused** an accident.
그 부주의한 운전자가 사고를 유발했다.

checkup
[ʧékʌp]

명 점검, 검진
It's important to have regular **checkups**.
정기적으로 검진을 받는 것이 중요하다.

consult
[kənsʌ́lt]

동 상의하다, 상담하다
consultant 명 의논 상대, 컨설턴트
I need to **consult** with my lawyer.
내 변호사에게 자문을 구해봐야겠다.

coordination
[kouɔ̀ːrdənéiʃən]

명 협력
When people trust each other **coordination** becomes easier.
사람들이 서로 신뢰하면 협력은 더욱 쉬워진다.

접사 **co-** → '함께'라는 의미를 갖는다.
coexist 공존하다 / **co**education 남녀 공학 / **co**author 공저자

cultivate
[kʌ́ltəvèit]

동 **경작하다, 양성하다**

The land was too rocky to **cultivate**.
그 땅은 경작하기에는 너무 돌이 많았다.

Inspirational leaders **cultivate** positive employees.
영감을 주는 지도자들이 긍정적인 직원들을 양성한다.

depressed
[diprést]

형 **우울한**

He felt lonely and **depressed**.
그는 외롭고 우울했다.

environment
[inváiərənmənt]

명 **환경**

environmental 형 환경의

Pollution is bad for the **environment**.
오염은 환경에 나쁘다.

expect
[ikspékt]

동 **기대하다**

expectation 명 기대

I was **expecting** the letter to arrive by now.
나는 그 편지가 지금쯤 도착할 것이라고 기대하고 있었다.

freeze
[fri:z]

froze, frozen 동 **멈추다, 먹통이 되다**

I was rushing to print my report when my computer **froze** up.
내가 서둘러 보고서를 인쇄하려고 할 때 컴퓨터가 먹통이 되었다.

frequency
[frí:kwənsi]

명 **주파수**

This station broadcasts on three different **frequencies**.
이 방송국은 세 가지 다른 주파수로 방송한다.

game
[geim]

형 **용감한, 투지 넘치는**

Who's **game** to have a try?
용기내서 도전해볼 사람은 누구인가?

generate
[dʒénərèit]

동 **생성하다**

The new car factory **generated** a lot of jobs in the area.
그 새로운 자동차 공장은 그 지역에서 수많은 일자리를 창출했다.

어근 **gen-** → '탄생'의 의미를 가지고 있다.
gene 유전자 / **gen**esis 기원 / **gen**uine 진짜의

generation
[dʒènəréiʃən]

명 **세대**

Let's preserve the earth for future **generations**.
미래 세대를 위해 지구를 보존하자.

importance
[impɔ́ːrtəns]

명 **중요성**
important 형 중요한

The issue has special **importance** to people in urban areas.
그 문제는 도시 지역 사람들에게 특별히 중요하다.

inherit
[inhérit]

동 **물려받다**
inheritance 명 상속

She **inherited** the business from her mother.
그녀는 그 사업을 그녀의 엄마한테서 물려받았다.

inspirational
[ìnspəréiʃənl]

형 **영감을 주는**
inspiration 명 영감

He delivered a very **inspirational** speech.
그는 매우 영감을 주는 연설을 했다.

lumber
[lʌ́mbər]

명 **목재**

Some people want to cut down the trees for **lumber**.
어떤 사람들은 그 나무들을 목재용으로 베어내고 싶어 한다.

panic
[pǽnik]

명 **공황**

People are escaping the area in **panic**.
사람들이 공황상태로 그 지역을 빠져나가고 있다.

practice
[prǽktis]

명 **관행**

Bribery is common **practice** in many countries.
여러 나라에서 뇌물은 일반적인 관행이다.

prefer
[prifə́ːr]

동 **선호하다**
preference 명 선호

Which do you **prefer**, the black or the blue one?
어떤 게 더 좋으니, 검은 거 아니면 파란 거?

reinforce
[rìːinfɔ́ːrs]

동 강화하다, 강조하다

reinforcement 명 강화

The teacher did his best to **reinforce** good conduct in the classroom.
그 교사는 교실에서 선행을 강조하기 위해 최선을 다했다.

remove
[rimúːv]

동 제거하다

removal 명 제거

What's a good way to **remove** stains from my pants?
내 바지에서 얼룩을 제거하는 좋은 방법이 뭘까?

resource
[ríːsɔːrs]

명 자원

These countries are rich in timber **resources**.
이 나라들은 목재 자원이 풍부하다.

rush
[rʌʃ]

동 서두르다

The children **rushed** down the stairs.
아이들이 서둘러 계단 아래로 내려갔다.

ruthless
[rúːθlis]

형 무자비한

ruthlessly 부 무자비하게

The reporter was **ruthless** in his criticism.
그 기자는 무자비하게 비평을 했다.

similar
[símələr]

형 유사한

similarly 부 유사하게

I was going to say something **similar**.
나도 뭔가 비슷한 말을 하려고 했었다.

stressor
[strésər]

명 스트레스의 원인

Credit card debt is a major **stressor** in his life.
신용카드 빚이 그의 인생에서 주요 스트레스 원인이다.

sustainable
[səstéinəbl]

형 지속가능한

sustain 동 지속하다

Cycling is a **sustainable** form of transport.
자전거 타기는 지속가능한 교통 유형이다.

toxic
[tάksik]

형 독성의

Toxic chemicals were released into the river.
독성 화학물질이 강으로 유출되었다.

trust
[trʌst]

동 신뢰하다

I just don't **trust** these statistics.
난 그냥 이런 통계수치는 신뢰하지 않아.

unique
[juːníːk]

형 독특한

Each person's fingerprints are **unique**.
각 개인의 지문은 모두 독특하다.

after all 결국

It looks like Jason will go to law school **after all**.
Jason이 결국 로스쿨에 진학할 것 같다.

as it is 있는 그대로

People want to keep the forest **as it is**.
사람들은 그 숲을 있는 그대로 유지하고 싶어 한다.

be filled with ~로 가득 차다

Her eyes **were filled with** tears.
그녀의 눈에 눈물이 가득했다.

look after 돌보다

Will you **look after** my cat while I'm away?
내가 없는 동안 내 고양이를 돌봐주겠니?

put on ~을 입다, ~한 모습을 하다

Put on this one and see if it fits.
이것을 입고 잘 맞는지 봐봐.

문맥으로 EXERCISE

• 끊어 읽기 표시에 맞춰 직독직해 연습을 하시오.

1 In Ontario, there is an old-growth forest / near Temagami. / Some people
온타리오에는 원시림이 있다 / Temagami 근처에 / 어떤 사람들은 나무

want to cut down the trees / for **lumber**. / Others want to keep it / **as it is**:
들을 베고 싶어 한다 / 목재용으로 / 다른 이들은 그것을 유지하고 싶어 한다 /

they believe it is **unique** / and must be protected / for coming **generations**.
있는 그대로 — 그들은 그것이 독특하다고 생각한다 / 그리고 보호되어야 한다고 / 다음 세대를 위해

/ Many people are somewhere in the middle, / wanting some use and some
/ 많은 사람들은 중간 어느 지점의 입장에 있다 / 일부는 사용하고 일부는 보호하기를 원하

protection. / Most people are in favor of / using our **resources** wisely. /
면서 / 대부분의 사람들은 찬성한다 / 우리의 자원을 현명하게 사용하는 데 /

They **prefer practices** / that make our resources **sustainable**. / That is, / we
그들은 관행을 선호한다 / 우리 자원을 지속가능하게 만드는 / 즉 / 우리

should use our resources wisely now / and we will still have more / for the
는 현재 우리의 자원들을 현명하게 사용해야 하고 / 그러면 우리는 여전히 더 가지게 될 것이다 / 미래를

future. / We are all responsible / for **looking after** the **environment**. / We
위해 / 우리는 모두 책임이 있다 / 환경을 보호하는 것에 / 우리

can learn from First Nations' people / who have long known the **importance**
는 캐나다 원주민으로부터 배울 수 있다 / 오랫동안 그 중요성을 알았던

/ of preserving the environment / for future **generations**. / What you
/ 환경 보존의 / 다음 세대들을 위해 / 당신이 물려받아

inherited and live with / will become the inheritance of future generations.
살고 있는 것은 / 미래 세대의 유산이 될 것이다

2 When people share the same daily, weekly, monthly, and seasonal rhythms,
사람들이 동일한 날마다, 주마다, 달마다, 그리고 계절마다의 리듬을 공유할 때

/ connections among them / form faster and stay stronger. / The people **trust**
/ 그들 사이의 결속은 / 더 빠르게 형성되고 더 견고하게 정착한다 / 사람들은 서로 보다 깊

each other more deeply, / and **coordination** becomes easier. / **After all**, they
이 신뢰한다 / 그리고 협력은 보다 쉬워진다 / 결국, 그들은 빈번하

are frequently doing the same things / and working on the same problems
게 같은 일을 하게 된다 / 그리고 같은 문제에 관해 함께 일하게 된다

together. / In fact, several organizations use regular stand-up meetings / to
/ 사실, 여러 조직들이 정규 스탠드업 회의를 이용한다 / 강한

maintain strong **bonds** and **reinforce** a shared mindset. / A CEO of a food
결속을 지속하고 공통의 마음가짐을 강화하기 위해 / 한 식품 회사의 최고 경영

company / talks about his short daily meeting with his team. / He explains,
자는 / 그의 팀과의 짧은 하루 회의에 대해 말한다 / 그가 말한다

/ "The rhythm that **frequency generates** / allows relationships to enhance, /
/ "주파수가 생성하는 리듬은 / 관계가 좋아지도록 해주고 /

personal habits to be understood, / and **stressors** to be identified. / All of this
개인적 습관이 이해되도록 해주며, / 스트레스의 원인을 밝혀준다 / 이 모든 것이

helps the members of the team understand / not only their roles / but also
팀 구성원들이 이해하는 것을 도와준다 / 그들의 역할뿐만 아니라 / 그들이 어떻

how they can get the best out of one another."
게 서로에게서 최고의 것을 얻어낼 수 있는지 까지를

3 Executives' emotional intelligence / —their self-awareness, empathy, and
경영진의 감성 지능은 / 예를 들어 자기 인식, 공감, 타인과의 친화성 등은

rapport with others— / has clear links to their own performance. / But
/ 그들 자신의 업무 수행능력과 명백한 연관성이 있다 / 하지

new research shows / that a leader's emotional style / also drives everyone
만 새 연구는 보여준다 / 지도자의 감정 유형은 / 다른 모든 사람들의 기분과 행

else's moods and behaviors. / It's **similar** to "Smile and the whole world
동을 주도하기도 한다 / 그것은 "웃으면 세상이 당신과 함께 웃는다."와 유사하다

smiles with you." / Emotional intelligence travels through an organization
/ 감성 지능은 조직 전체로 퍼져 나간다

/ like electricity over telephone wires. / **Depressed, ruthless** bosses create
/ 전화선을 타고 흐르는 전기처럼 / 우울하고, 무자비한 지도자는 독성이 있는 조직을

toxic organizations / **filled with** negative underachievers. / But if you're an
만든다 / 부정적인 목표 미달성자들로 가득한 / 하지만 당신이 긍정

inspirational leader, / you **cultivate** positive employees / who accept the
의 힘을 불어넣는 지도자라면 / 당신은 긍정적인 직원들을 양성한다 / 거친 난관을 받

tough challenges. / Emotional leadership isn't just **putting on** a **game** face
아들이는 / 감성 지도력이라는 것이 단지 매일 당당한 표정을 짓는 것은 아니다

every day. / It means understanding your impact on others / —then adjusting
/ 그것은 타인에 끼치는 당신의 영향력을 이해하는 것이다 / 그런 다음 자신의 스타

your style **accordingly**.
일을 그에 맞게 조정하는 것이다

4 I had just finished writing a TV script / and was **rushing** to print it / when
내가 막 TV 대본을 다 썼다 / 그리고 그것을 인쇄하려고 서둘렀다 / 그때 내

my computer **froze** up. / No cursor. No script. No nothing. / In a **panic**, / I
컴퓨터가 먹통이 되었다 / 커서가 없어졌다. 대본도 없어지고. 아무것도 없었다. / 당황해서 / 나

called my friend Neil, / a computer **consultant**. / It turned out that I had a
는 Neil한테 전화했다 / 컴퓨터 전문가인 / 그것은 악성 스파이웨어에 감염되었던

bad spyware, / and that's what was **causing** my computer's **breakdown**.
것이다 / 그리고 그것이 내 컴퓨터 고장의 원인이었던 것이다

/ He asked if my machine was slow, / and if a new toolbar had suddenly
/ 그는 내 컴퓨터가 느려졌는지 물었다 / 그리고 새 툴바가 갑자기 나타났는지 물었다

appeared / —signs of spyware. / I'm not exactly sure / how I got it, / but
/ 스파이웨어 증상인 / 나는 정확히는 모른다 / 어떻게 감염되었는지 /

Neil **removed** it. / We take our cars to the mechanic / for regular **checkups**.
하지만 Neil이 그것을 제거했다 / 우리는 우리의 차를 정비사에게 몰고 간다 / 정기적으로 점검하기 위해서

/ Why do we **expect** our computers to run normally / without the same care?
/ 왜 우리는 우리 컴퓨터가 정상적으로 작동하기를 기대하는가 / 그와 똑같은 점검 없이

Review Test DAY 33 - DAY 34

A 영어는 우리말로, 우리말은 영어로 쓰시오.

1. depressed	______	11. 기대하다	______
2. bond	______	12. 제거하다	______
3. cultivate	______	13. 신뢰하다	______
4. generate	______	14. 독특한	______
5. importance	______	15. 환경	______
6. breakdown	______	16. 유사한	______
7. rush	______	17. 물려받다	______
8. checkup	______	18. 관행	______
9. toxic	______	19. 목재	______
10. appear	______	20. 지속가능한	______

B 빈칸에 알맞은 말을 고르시오.

game ruthless inspirational caused resources

1. The careless driver ______ an accident.
2. Who's ______ to have a try?
3. He delivered a very ______ speech.
4. These countries are rich in timber ______.
5. The reporter was ______ in his criticism.

C 우리말과 일치하도록 빈칸에 맞는 말을 쓰시오.

1. 내가 없는 동안 내 고양이를 돌봐주겠니?
   → Will you (   ) my cat while I'm away?

2. 이것을 입고 잘 맞는지 봐봐.
   → (   ) this one and see if it fits.

3. 그녀의 눈에 눈물이 가득했다.
   → Her eyes were (   ) tears.

D 다음 우리말에 맞도록 영작하시오.

1. 사람들은 그 숲을 있는 그대로 유지하고 싶어 한다.

2. 그는 작가였을 뿐만 아니라 배우이기도 했다.

3. 그들은 거친 난관을 받아들이는 긍정적인 직원들이다.

4. 내가 서둘러 보고서를 인쇄하려고 하는데 그때 내 컴퓨터가 먹통이 되었다.

Review Test 정답

A **1.** 우울한 **2.** 유대 **3.** 경작하다, 양성하다 **4.** 생성하다 **5.** 중요성 **6.** 고장 **7.** 서두르다 **8.** 점검, 검진 **9.** 독성의 **10.** 나타나다 **11.** expect **12.** remove **13.** trust **14.** unique **15.** environment **16.** similar **17.** inherit **18.** practice **19.** lumber **20.** sustainable

B **1.** caused **2.** game **3.** inspirational **4.** resources **5.** ruthless

C **1.** look after **2.** Put on **3.** filled with

D **1.** People want to keep the forest as it is.
2. He was not only a writer but also an actor.
3. They are positive employees who accept the tough challenges.
4. I was rushing to print my report when my computer froze up.

DAY 35 - DAY 36

adapt
[ədǽpt]

동 적응시키다, 적응하다, 순응하다

Those flowers are well **adapted** to harsh winters.
그 꽃들은 거친 겨울 날씨에 잘 적응했다.

analyze
[ǽnəlàiz]

동 분석하다

analysis 명 분석

He is still **analysing** the data.
그는 아직 데이터를 분석하고 있다.

book
[buk]

동 예약하다

To get tickets, we have to **book** now.
표를 구하려면 우리는 지금 예약해야 한다.

bottom
[bάtəm]

명 바닥, 맨 아래

Please hold the **bottom** of the ladder!
사다리 맨 아래 좀 잡아주라!

climb
[klaim]

동 오르다

He dreams of **climbing** Kilimanjaro.
그는 킬리만자로에 오르는 것을 꿈꾼다.

common
[kάmən]

형 일반적인, 흔한

common sense 상식

"Min-ho" is a **common** name.
'민호'는 일반적인 이름이다.

consistent
[kənsístənt]

형 지속적인

consistently 부 지속적으로

The pain has been **consistent**.
고통이 지속되었다.

contain
[kəntéin]

동 포함하다

container 명 그릇

The envelope **contained** a few dried roses.
봉투에는 말린 장미가 몇 송이 있었다.

courage
[kə́ridʒ]

명 용기

It takes **courage** to stand up for your rights.
자신의 권리를 지키는 데는 용기가 필요하다.

customer
[kʌ́stəmər]

명 고객

We aim to offer good service to all our **customers**.
우리는 우리의 모든 고객에게 좋은 서비스를 제공하는 것을 목표로 한다.

detect
[ditékt]

동 ~을 감지하다

Jason **detected** a change in her mood.
Jason은 그녀의 기분이 변한 것을 감지했다.

distant
[dístənt]

형 먼

distance 명 거리

My school days seem a **distant** memory.
나의 학창시절이 오랜 추억 같다.

enhance
[inhǽns]

동 향상시키다

enhancement 명 향상

He used fresh herbs to **enhance** the flavor of the dish.
그는 음식의 향을 좋게 하려고 신선한 허브를 사용했다.

exchange
[ikstʃéindʒ]

동 교환하다

We **exchanged** phone numbers.
우리는 전화번호를 교환했다.

fair
[fɛər]

형 상당한

fairly 부 상당히

I still have a **fair** amount of work to do.
나는 아직 해야 할 일이 상당히 많다.

future
[fjúːtʃər]

명 미래

What are your plans for the **future**?
너의 미래의 목표는 무엇이니?

goal
[goul]

명 **목표**

His **goal** is to run his own business.
그의 목표는 자기 사업을 하는 것이다.

history
[hístəri]

명 **역사**

historical 형 역사적인

That decision changed the course of **history**.
그 결정은 역사의 흐름을 바꿨다.

human
[hjúːmən]

형 **인간의**

That is invisible to the **human** eye.
그것은 인간의 눈에는 안 보인다.

inner
[ínər]

형 **내부의, 내면의**

Yoga will give you a sense of **inner** calm.
요가는 너에게 내적 평온을 줄 거야.

intellectual
[ìntəléktʃuəl]

형 **지적인**

The job requires considerable **intellectual** effort.
그 일은 매우 지적인 노력을 필요로 한다.

interaction
[ìntərǽkʃən]

명 **상호작용**

interact 동 상호작용하다

Price is determined through the **interaction** of demand and supply.
가격은 수요와 공급의 상호작용을 통해 결정된다.

> 접사 **inter-** → '~사이의', '상호간'의 의미를 갖는다.
> **inter**view 면접 / **inter**fere 간섭하다 /
> **inter**departmental 부서간의

maintain
[meintéin]

동 **지속하다**

maintenance 명 지속

The hotel **maintained** high standards.
그 호텔은 높은 수준을 유지했다.

muster
[mʌ́stər]

동 **모으다**

Finally he **mustered** up the courage to ask her out.
마침내 그는 용기를 내서 그녀에게 데이트 신청을 했다.

operate
[ɑ́pərèit]

동 **작동하다, 일하다**

operation 명 작동

The camera also **operates** underwater.
그 카메라는 물속에서도 작동한다.

outcome
[áutkʌ̀m]

명 **결과, 성과**

He predicted the **outcome** of the election.
그는 선거의 결과를 예측해봤다.

outermost
[áutərmòust]

형 **가장 바깥의**

The arrow hit the **outermost** ring on the target.
화살은 표적 위의 가장 바깥쪽 원을 맞혔다.

ownership
[óunərʃip]

명 **소유, 소유권**

The company is under private **ownership**.
그 회사는 개인 소유이다.

> 접사 **-ship** → '상태, 자격, 지위, 직위, 능력' 등의 의미를 갖는다.
> professor**ship** 교수직 / citizen**ship** 시민권 / friend**ship** 우정

personalize
[pə́ːrsənəlàiz]

동 **개인의 취향대로 조정하다**

Why don't you **personalize** your office?
자네의 사무실을 취향대로 조정하는 게 어떤가?

> 접사 **-ize** → '~가 되게 하다'의 의미를 갖는다.
> modern**ize** 현대화 하다 / American**ize** 미국화 하다 / visual**ize** 시각화 하다

practical
[prǽktikəl]

형 **실질적인**

Their research has no **practical** use.
그들의 연구는 실질적인 활용도가 전혀 없다.

raise
[reiz]

동 **키우다, 기르다**

Rebecca **raised** three sons alone.
Rebecca는 세 아들을 홀로 키웠다.

relation
[riléiʃən]

명 **관계**

Relations between the two countries have improved recently.
그 두 나라 사이의 관계가 최근에 개선되었다.

slip [slip]	동 미끄러지다 She **slipped** on the ice. 그녀는 얼음에서 미끄러졌다.
steep [stiːp]	형 가파른 The mountain path became rocky and **steep**. 그 산길은 돌이 많고 가팔라졌다.
useful [júːsfəl]	형 유용한 The book is full of **useful** information. 그 책은 유용한 정보로 가득하다.
view [vjuː]	명 관점 What's your **view** on the subject? 그 주제에 대한 너의 관점은 무엇이냐?

be in trouble 곤란에 처하다

When he got to the highest point of the roof, he realized he **was in trouble**.
그가 지붕의 가장 높은 지점에 도달했을 때 그는 자신이 곤란에 처하게 되었음을 깨달았다.

in the light of ~으로 비추어보아, ~을 고려해서

In the light of this tragic event, we have canceled the 4th of June party.
비극적 사고를 고려해 우리는 6월 4일의 파티를 취소했다.

on the way ~하는 길에

She's now **on the way** to San Francisco.
그녀는 지금 샌프란시스코로 가는 길이다.

put oneself in other's shoes 다른 사람의 입장이 되어보다

Don't be angry with them. Try to **put yourself in their shoes**.
그들한테 화를 내지 마. 그들의 입장에서 생각해 봐.

문맥으로 EXERCISE

• 끊어 읽기 표시에 맞춰 직독직해 연습을 하시오.

1 Every leader starts in his **inner** circle, the comfort zone. / This is the
모든 지도자는 그의 내부의 원, 즉 안락한 영역에서 시작한다 / 이곳은 우리가
place where we **operate** from what we are comfortable with, / where we
편안해 하는 것을 바탕으로 일을 하는 곳이고 / 우리가 무엇을
know well what we are capable of and can **consistently** achieve expected
할 수 있는지를 알고 있고, 또 기대되는 결과와 성과를 지속적으로 달성할 수 있는 곳이다
outcomes and results. / The **goal** of the next zone is / to push out beyond
/ 그 다음 영역의 목표는 / 그 영역 너머로 밀고 나가서
that area and begin to learn new things. / This is known as the learning zone.
새로운 것을 배우는 것이다 / 이것은 학습 영역으로 알려져 있다
/ In a new environment or area, / we have to **adapt** and learn to perform
/ 새로운 환경과 구역에서 / 우리는 적응해야 하며 새로운 방식으로 수행하는 법을 배
in new ways. / Beyond the learning zone / lies the **courage** zone. / In this
워야 한다 / 학습 영역 너머에 / 용기 영역이 있다 / 이 영역에
zone, we continue to learn, / but the learning curve is **steeper** / because we
서 우리는 학습을 지속한다 / 하지만 학습 곡선이 보다 가파르다 / 왜냐하면 우리는
are challenged to accomplish greater and more difficult thing / that take a
더 크고 어려운 것들을 성취하도록 도전 받기 때문이다 / 성취하기 위해
fair amount of courage to achieve. / The **outermost** circle is known as the
상당한 용기를 필요로 하는 / 가장 바깥의 원은 수행 영역으로 알려져 있다
performance zone / — because once we have mastered the new learning and
/ 왜냐하면 일단 우리가 새로운 학습을 숙달하고
/ **mustered** the courage to experiment with all the new knowledge, / we will
/ 그 모든 새 지식으로 실험을 할 용기를 냈다면 / 우리는 진정
really start to perform differently from before.
으로 전과는 다르게 수행하기 시작할 것이기 때문이다

2 One summer / a teenager I knew, / a young man who had the highest IQ /
한 여름에 / 내가 아는 한 청년, / 가장 높은 IQ를 가졌던 한 청년이

ever recorded by the local school system, / repainted a neighbor's roof. / He
/ 지금껏 지역의 학교에서 기록된 것 중에서 / 이웃의 지붕에 페인트칠을 다시 했다 /

climbed up with his paint bucket and roller / and started to paint / — from
그는 페인트 통과 롤러를 가지고 올라갔다 / 그리고 페인트칠을 시작했다 / –

the **bottom** to the top. / When he got to the highest point of the roof, / he
바닥에서부터 꼭대기까지 / 그가 지붕의 정점에 다다랐을 때 /

realized he **was in trouble**. / **On the way** down, / he **slipped** on the fresh
그는 자신이 곤란에 처한 것을 깨달았다 / 내려오는 길에 / 그는 갓 칠한 페인트에 미끄러졌다

paint, / fell off the roof, / and broke his leg. / He was very good at math
/ 지붕에서 떨어졌다 / 그리고 발목이 부러졌다 / 그는 수학과 읽기에는 매우 능했다

and reading, / but he couldn't think of the idea of starting from the top. /
/ 하지만 그는 꼭대기부터 시작한다는 생각은 하지 못했다 /

Sometimes **common** sense and **practical** knowhow / are more **useful** than
가끔 상식과 실제적인 노하우는 / 지적인 능력보다 유용하다

intellectual ability.

3 One of the most important skills / you can develop in **human relations** / is
가장 중요한 기술 중 하나는 / 인간관계에서 발전시킬 수 있는 /

the ability to see things / from others' points of **view**. / It's one of the keys
사물을 보는 능력이다 / 타인의 관점에서 / 그것은 핵심 중 하나이다

/ to satisfying **customers, maintaining** a marriage, and **raising** children.
/ 고객을 만족시키는 데, 결혼 생활을 지속하는 데, 그리고 아이들을 키우는 데

/ All human **interactions** are improved / by the ability to **put yourself**
/ 모든 인간 상호작용은 개선된다 / 자신을 타인의 입장에 놓을 수 있는 능력에 의

in another person's shoes. / How? / Look beyond yourself, your own
해서 / 어떻게? / 자신을, 자신의 이익을, 그리고 자신의 세상을 뛰어

interests, and your own world. / When you work to examine a problem / **in**
넘어서 봐라 / 당신이 문제를 조사해보려고 할 때 /

the light of another's **history** / and discover the interests and concerns of
다른 사람의 행적에 비추어 / 그리고 타인의 관심과 걱정을 찾아내려고 할 때

others, / you begin to see what others see. / And that is a powerful thing.
/ 당신은 타인이 보는 것을 보기 시작한다 / 그리고 그것은 강력한 것이다

4 In the not-too-**distant future**, / everyday objects such as shoes, carpets, and
그리 머지않은 미래에 / 구두, 카펫, 칫솔과 같은 일상의 물건들이

toothbrushes / will **contain** technology that collects information. / You will
/ 정보를 수집하는 과학기술을 포함하게 될 것이다 / 당신은 그러

then be able to **personalize** these objects, / allowing them to change physical
면 이런 물건들을 개인화 할 수 있을 것이다 / 그것들이 색상과 같은 물리적 상태를 바꿀 수 있

state like color or respond to your daily mood. / They will also be able to
도록 하거나 당신의 그날그날의 기분에 반응하게 하면서 / 그것들은 또한 다른 물건들과 데이터

exchange data with other objects / and send information to other people.
를 교환할 수 있을 것이다 / 그리고 다른 사람에게 정보를 전송할 수 있을 것이다

/ For example, / your toothbrush will be capable of **analyzing** your breath
/ 예를 들어 / 당신의 칫솔은 당신의 호흡을 분석할 수 있을 것이다

/ and **booking** an appointment with your doctor / if it **detects** the smell of
/ 그리고 당신의 의사 검진 약속을 예약할 수 있을 것이다 / 만약 그것이 폐암의 냄새를 감지해

lung cancer. / In other words, / what were once just ordinary objects / will
내면 / 다른 말로 하면 / 한때 일상의 사물일 뿐이었던 것들이 / 점차

be increasingly networked and intelligent. / Manufacturers will use the
네트워크에 연결되고 지능화될 것이다. / 제조업자들은 이런 스마트 제품에 의해

information generated by these smart products / to sell you other services or
생성된 정보를 이용할 것이다 / 당신에게 다른 서비스를 판매하거나 당

enhance your "**ownership** experience."
신의 "소유 경험"을 향상시킬 것이다

Review Test DAY 35 - DAY 36

A 영어는 우리말로, 우리말은 영어로 쓰시오.

1. climb	______	11. 미래	______
2. distant	______	12. 미끄러지다	______
3. enhance	______	13. 가파른	______
4. history	______	14. 용기	______
5. muster	______	15. 관점	______
6. consistent	______	16. 소유, 소유권	______
7. maintain	______	17. 키우다, 기르다	______
8. practical	______	18. 예약하다	______
9. intellectual	______	19. 교환하다	______
10. analyze	______	20. 고객	______

B 빈칸에 알맞은 말을 고르시오.

inner adapted human contained goal

1. The envelope ______ a few dried roses.
2. His ______ is to run his own business.
3. Those flowers are well ______ to harsh winters.
4. Yoga will give you a sense of ______ calm.
5. That is invisible to the ______ eye.

C 우리말과 일치하도록 빈칸에 맞는 말을 쓰시오.

1. 그들한테 화를 내지 마. 그들의 입장에서 생각해 봐.
→ Don't be angry with them. Try to ( ).

2. 그가 지붕의 가장 높은 지점에 도달했을 때 그는 자신이 곤란에 처하게 되었음을 깨달았다.
→ When he got to the highest point of the roof, he realized he ( ).

3. 그녀는 지금 샌프란시스코로 가는 길이다.
→ She's now ( ) to San Francisco.

D 다음 우리말에 맞도록 영작하시오.

1. 그 산을 오르는 데는 상당한 양의 용기가 필요하다.

2. 그는 지붕을 아래서부터 위로 페인트칠을 했다.

3. 우리는 다른 사람의 관점에서 사물을 보는 능력을 개발해야 한다.

4. 미래에는 일상의 물건들이 과학기술을 내포하게 될 것이다.

Review Test 정답

A **1.** 오르다 **2.** 먼 **3.** 향상시키다 **4.** 역사 **5.** 모으다 **6.** 지속적인 **7.** 지속하다 **8.** 실질적인 **9.** 지적인 **10.** 분석하다 **11.** future **12.** slip **13.** steep **14.** courage **15.** view **16.** ownership **17.** raise **18.** book **19.** exchange **20.** customer

B **1.** contained **2.** goal **3.** adapted **4.** inner **5.** human

C **1.** put yourself in their shoes **2.** was in trouble **3.** on the way

D **1.** It takes a fair amount of courage to climb the mountain.
2. He painted the roof from the bottom to the top.
3. We have to develop the ability to see things from others' points of view.
4. In the future everyday objects will contain technology.

DAY 37 - DAY 38

accurate [ǽkjurət]
형 **정확한**
accurately 부 정확히
She's very **accurate** in her calculations.
그녀는 계산이 매우 정확하다.

ancient [éinʃənt]
형 **고대의**
The practice was very common in **ancient** times.
그 관행은 고대에는 매우 일반적이었다.

anniversary [ænəvə́ːrsəri]
명 **기념일**
He forgot his wedding **anniversary**.
그는 그의 결혼기념일을 잊어버렸다.

anxiety [æŋzáiəti]
명 **불안**
anxious 형 걱정하는
He is feeling a lot of **anxiety** about his new job.
그는 그의 새 직장에 대해 많은 불안감을 느끼고 있다.

apology [əpɑ́lədʒi]
명 **사과**
apologize 동 사과하다
He refused to accept my **apology**.
그는 나의 사과를 받아들이기를 거부했다.

assume [əsúːm]
동 **추측하다, 짐작하다**
assumption 명 추측
I **assumed** her to be American.
나는 그녀가 미국인일 것이라고 추측했다.

attentive [əténtiv]
형 **집중력 있는**
They were **attentive**, taking notes during the class.
그들은 집중하면서 수업 시간에 노트 필기를 했다.

aware [əwέər]
형 **~을 알고 있는**
awareness 명 인식
They're not **aware** of the dangers.
그들은 그 위험을 알고 있지 못하다.

convincing
[kənvínsiŋ]

형 **설득력 있는**

convince 동 확신시키다

His argument was very **convincing**.
그의 주장은 매우 설득력 있었다.

decrease
[dikríːs]

동 **감소하다**

↔ increase 증가하다

House prices **decreased** by 13%.
주택 가격이 13%까지 떨어졌다.

delicious
[dilíʃəs]

형 **맛있는**

The meal was absolutely **delicious**.
식사는 정말 맛있었다.

equally
[íːkwəli]

부 **동등하게, 똑같이**

equal 형 동등한

We divided the money **equally** between everyone.
우리는 모두가 똑같이 그 돈을 나눴다.

establish
[istǽbliʃ]

동 **설정하다, 설립하다**

establishment 명 설립

They **established** a new research centre.
그들은 새 연구소를 세웠다.

exactly
[igzǽktli]

부 **정확히**

exact 형 정확한

We will meet at **exactly** three o'clock.
우리는 정확히 3시에 만날 것이다.

false
[fɔːls]

형 **거짓된, 허위의**

He subscribed to the magazine under a **false** name.
그는 거짓 이름으로 그 잡지를 구독 신청했다.

heighten
[háitn]

형 **높이다, 증대하다**

The plan **heightened** tensions between the two groups.
그 계획은 두 단체 간의 긴장을 고조시켰다.

접사 **-en** → '~하게 만들다'의 의미를 갖는다.
darken 어둡게 하다 / **strengthen** 강화하다 / **deepen** 깊게 하다

imagine
[imǽdʒin]

동 **상상하다**

imagination 명 상상

Imagine life without cars.
자동차가 없는 삶을 상상해봐라.

influence
[ínfluəns]

동 **영향을 끼치다**

influential 형 영향을 미치는

Several factors **influenced** this decision.
여러 가지 요소가 이 결정에 영향을 끼쳤다.

lately
[léitli]

부 **최근에**

Lately, I had trouble sleeping.
최근에 나는 잠드는 것에 곤란을 겪고 있다.

link
[liŋk]

동 **잇다, 연결하다**

The towns are **linked** by a road.
마을들이 도로로 연결되어 있다.

majority
[mədʒɔ́ːrəti]

명 **대다수**

↔ **minority** 소수의 사람

The **majority** agreed to the proposal.
대다수가 그 제안에 동의했다.

measure
[méʒər]

동 **측정하다**

measurement 명 측정

I **measured** the distance with my eye.
나는 거리를 내 눈으로 측정했다.

misconception
[mìskənsépʃən]

명 **잘못된 개념, 오해**

Refugees have the **misconception** that life is great over here.
난민들은 이쪽의 삶은 멋질 것이라는 오해를 가지고 있다.

outstanding
[autstǽndiŋ]

형 **뛰어난**

His performance was **outstanding**.
그의 연기는 뛰어났다.

overestimate
[ouvəréstəmèit]

동 과대평가하다

estimate 동 측정하다

She tends to **overestimate** her own abilities.
그녀는 자신의 능력을 과대평가하는 경향이 있다.

promote
[prəmóut]

동 홍보하다

promotion 명 홍보

He's in New York to **promote** his new book.
그는 그의 새 책을 홍보하려고 뉴욕에 가 있다.

random
[rǽndəm]

형 무작위의

randomly 부 무작위로

Pick a **random** word on the page.
그 쪽에서 무작위로 단어를 골라봐라.

refuse
[rifjú:z]

동 거절하다

They asked him to help but he **refused**.
그들이 그에게 도움을 요청했지만 그는 거절했다.

relaxed
[rilǽkst]

형 편안한

The restaurant had a **relaxed** atmosphere.
그 음식점은 편안한 분위기를 하고 있었다.

rescue
[réskju:]

동 구출하다

The man was **rescued** by his dog.
그 남자는 그의 개에 의해 구출되었다.

ritual
[rítʃuəl]

명 의식, 의례적으로 하는 일

The priest will perform the **ritual**.
그 목사가 의식을 주관할 것이다.

stupid
[stjú:pid]

형 어리석은

I did some **stupid** things when I was young.
나는 어릴 적에 좀 어리석은 짓들을 했다.

subdivide
[sʌbdiváid]

동 **세분화하다**

Over time, developers **subdivided** the land.
오랜 시간 동안 개발자들은 토지를 세분화했다.

접사 **sub-** → '하부', '일부'의 의미를 갖는다.
subzero 영하 / **sub**section 분과 / **sub**soil 하층토

throughout
[θruːáut]

부 **~전역에**

The disease spread rapidly **throughout** Asia.
그 질병은 아시아 전역에 퍼졌다.

unfortunate
[ʌnfɔ́ːrʧənət]

형 **불운한**

unfortunately 부 불행히도

It's **unfortunate** that your father can't come to the wedding.
너의 아버지가 결혼식에 올 수 없다니 불운하구나.

unit
[júːnit]

명 **단위**

The watt is a **unit** of electrical power.
와트는 전력의 단위이다.

vary
[vέəri]

동 **다르다**

various 형 여러 가지의

Their services **vary** depending on the customer.
그들의 서비스는 고객에 따라 다르다.

wear
[wεər]

동 **입다**

He was **wearing** blue shirt.
그는 파란색 셔츠를 입고 있었다.

willing
[wíliŋ]

형 **기꺼이 ~하는**

willingly 부 기꺼이

I was perfectly **willing** to help.
나는 전적으로 협조할 마음이 있었다.

be based on **~에 기초하다**

The film **was based on** a popular book.
그 영화는 인기 있는 책에 기초했다.

문맥으로 EXERCISE

• 끊어 읽기 표시에 맞춰 직독직해 연습을 하시오.

1 There are many situations / where other people try to **influence** our mood
많은 상황들이 있다 / 다른 사람들이 우리의 기분에 영향을 끼치려고 하는

/ by changing the atmosphere of the environment; / probably you have
/ 주변 환경의 분위기를 변화시킴으로써 / 어쩌면 당신은 이미 그렇게

already done the same. / For example, let us imagine that a man is in the
했을지도 모른다 / 예를 들어 한 남자가 난처한 상황에 처해있다고 상상해보자

unfortunate situation / where he forgot his wedding **anniversary**. / The
/ 그가 그의 결혼기념일을 잊어버린 / 그 남

man tries to **rescue** the situation / by preparing a self-cooked, candlelit
자는 그 상황을 만회하려고 노력한다 / 자기의 부인을 위해 자신이 직접 요리한 촛불을 켠 저녁

dinner for his wife / with romantic background music.
을 준비함으로써 / 낭만적인 배경음악과 함께

Whether or not he is **aware** of it, / a candlelit dinner is a fantastic way / to
그가 그것을 알든 모르든 / 촛불이 켜진 저녁은 환상적인 방법이다 / 사

influence a person's mood. / When the man's wife enters the room, / she
람의 기분에 영향을 끼치기에 / 그 남자의 부인이 방에 들어올 때 / 그녀

is surprised / by the **delicious** aroma of the **outstanding** dinner / he has
는 깜짝 놀란다 / 멋진 저녁식사의 맛있는 냄새에 / 그가 준비

prepared. / The low-level light of the candle / puts her in a **relaxed** spirit.
한 / 은은하게 깔린 촛불의 빛은 / 그녀가 편안한 기분이 들도록 한다

/ And finally, romantic music does the rest / to make the wife **willing** to
/ 그리고 끝으로, 낭만적인 음악이 나머지를 알아서 해결한다 / 부인이 기꺼이 받아들이도록 만드는

accept / the husband's **apology** / for the mistake.
/ 그 실수에 대한 남편의 사과를

2 Have you ever **measured** the length of a room / using your feet as the **unit**
방의 길이를 재어 본 적이 있는가 / 측정 단위로서 당신의 발을 이용해서

of **measurement**? / Around 3,000 B.C., / **ancient** Egyptians developed the
/ 기원전 3,000년경에 / 고대 이집트인들은 큐빗 측정 체계를 개발했다

cubit system of measurement. / It **was based on** the lengths of parts of the
/ 그것은 팔과 손 부분의 길이에 기초했다

arm and hand, / rather than the foot. / The Egyptian cubit was the length of
/ 발보다는 / 이집트 큐빗은 팔뚝의 길이였다

a forearm / from the tip of the elbow to the end of the middle finger. / The
/ 팔꿈치 끝에서부터 중지 끝까지 / 큐빗은

cubit was **subdivided** into smaller units of spans, palms, digits, and parts of
한 뼘, 손바닥, 손가락, 손가락의 일부분과 같은 더 작은 단위로 세분화되었다

digits. / Of course, the length of a cubit / **varied** from person to person. / So
/ 물론, 큐빗의 길이는 / 사람마다 달랐다 / 그

Egypt **established** a standard cubit, / called the Royal Cubit. / It **was based**
래서 이집트는 표준 큐빗을 제정했다 / Royal Cubit라고 불리는 / 그것은 파라오의

on the length of the Pharaoh's forearm. / The Royal Cubit was a piece of
팔 길이를 기준으로 했다 / Royal Cubit은 대략 52.3 센티미터 길이의 검은

black granite about 52.3 centimeters long. / Although the royal architect
색 화강암 조각이었다 / 왕실 건축가가 Royal Cubit를 가지고 있었

kept the Royal Cubit, / wooden copies were distributed **throughout** the
지만 / 나무 복제품들이 그 나라 전역에 배부되었다

land. / The cubit sticks must have been very **accurate**, / because the lengths
/ 그 큐빗 막대는 매우 정확했던 것 같다 / 왜냐하면 Giza에 있는 대 피

of the sides of the Great Pyramid at Giza / **vary** by only a few centimeters.
라미드의 측면들의 길이가 / 몇 센티미터 차이밖에 나지 않기 때문이다

3 Imagine that a study on the effects of drinking coffee comes out in
커피 마시는 것의 효과에 관한 연구가 신문에 나온다고 상상해보자

the news. / The study suggests / that drinking at least three cups a day
/ 그 연구는 말한다 / 하루에 적어도 세 잔의 커피를 마시는 것은 집중력과 기억

significantly improves attention and memory. / A woman reads this study /
력을 상당히 향상시킨다고 / 한 여자가 이 연구를 읽는다 /

and immediately increases her morning coffee **ritual** to three cups. / For the
그리고 즉시 아침마다 마시는 커피를 세 잔으로 늘인다 / 다음 달에

next month / she thinks she is more **attentive** and remembering things better
/ 그녀는 보다 집중력과 기억력이 좋아졌다고 생각한다

/ because she's drinking more coffee. / Then she reads a newer study / that
/ 왜냐하면 그녀는 커피를 더 마시고 있기 때문에 / 그런 다음 그녀는 새 연구를 읽는다 / 하루

says drinking more than two cups of coffee a day / is **linked** to significantly
에 두 잔 넘게 커피를 마시는 것은 / 집중력이 상당히 감소하고 불안증이

decreased attention and **heightened anxiety**. / The second study has been
증대된다고 말하는 / 그 두 번째 연구는 홍보되었다

promoted / as actively as the first, / and is **equally convincing**. / She thinks,
/ 첫 번째 것만큼 적극적으로 / 그리고 똑같이 설득력 있었다 / 그녀는 생각한다

/ "I have been feeling more anxious **lately**, / and maybe I'm not as focused
/ "나는 최근에 보다 불안했어, / 그리고 어쩌면 나는 내가 생각하는 것만큼

as I thought," / and she **decreases** her coffee intake down to two cups.
집중하지 못했어." / 그리고 그녀는 커피 마시는 양을 두 잔으로 줄인다

4 We frequently **overestimate** agreement with others, / believing that
우리는 빈번히 다른 사람과의 합의를 과대평가한다 / 다른 사람들 모두 우리

everyone else thinks and feels **exactly** like we do. / This **misconception** is
와 똑같이 느낀다고 생각하면서 / 이 오해는 허위 합의 효과라고

called the **false**-consensus effect. / Psychologist Lee Ross began studying
불린다 / 심리학자 Lee Ross가 1977년에 이것을 연구하기 시작했다

this in 1977. / He made a sandwich board with the slogan 'Eat at Joe's' /
/ 그는 'Joe의 가게에서 드세요'라는 구호가 적힌 샌드위치 판을 만들었다 /

and asked **randomly** selected students / to **wear** it around campus for thirty
그리 고는 무작위로 선발된 학생들에게 요청했다 / 그것을 걸치고 캠퍼스 주변을 30분 동안 돌아다니

minutes. / They also had to estimate / how many other students would do
라고 / 그들은 또한 측정해야 했다 / 얼마나 많은 다른 학생들이 그 일을 하려고 할지

the task. / Those who were **willing** to wear the sign / **assumed** that the
/ 그 표지판을 기꺼이 걸치려고 한 사람들은 / 대다수가 그것에 동의할 것

majority would also agree to it. / On the other hand, / those who **refused** /
이라고 짐작했다 / 반면에 / 거절한 사람들은 /

believed that most people would find it too **stupid** to do. / In both cases, /
대부분의 사람들이 그렇게 하는 것을 어리석다고 생각할 것이라고 믿었다 / 두 경우 모두에서 /

the students **imagined** themselves to be in the majority.
학생들은 자신들이 다수에 속한다고 여겼다

Review Test DAY 37 – DAY 38

A 영어는 우리말로, 우리말은 영어로 쓰시오.

1. vary	____________	11. 홍보하다	____________
2. refuse	____________	12. 최근에	____________
3. false	____________	13. 기념일	____________
4. relaxed	____________	14. 불안	____________
5. convincing	____________	15. 대다수	____________
6. subdivide	____________	16. 구출하다	____________
7. apology	____________	17. 측정하다	____________
8. random	____________	18. 상상하다	____________
9. ancient	____________	19. 정확한	____________
10. exactly	____________	20. 입다	____________

B 빈칸에 알맞은 말을 고르시오.

ritual　　influenced　　willing　　aware　　established

1. The priest will perform the ____________.
2. They ____________ a new research center.
3. I was perfectly ____________ to help.
4. They're not ____________ of the dangers.
5. Several factors ____________ this decision.

C 우리말과 일치하도록 빈칸에 맞는 말을 쓰시오.

1. 나는 어릴 적에 좀 어리석은 짓들을 했다.
   → I did some (   ) things when I was young.

2. 그 영화는 인기 있는 책에 기초했다.
   → The film (   ) a popular book.

3. 그 질병은 아시아 전역에 퍼졌다.
   → The disease spread rapidly (   ) Asia.

D 다음 우리말에 맞도록 영작하시오.

1. 그녀는 남편이 준비한 저녁식사에 깜짝 놀랐다.

2. 그 식물들의 키는 10cm부터 40cm까지 다양하다.

3. 커피를 마시는 것이 기억력을 증진시킨다.

4. 그들은 자신들이 대다수에 속한다고 상상했다.

Review Test 정답

A **1.** 다르다 **2.** 거절하다 **3.** 거짓된, 허위의 **4.** 편안한 **5.** 설득력 있는 **6.** 세분화하다 **7.** 사과 **8.** 무작위의 **9.** 고대의 **10.** 정확히 **11.** promote **12.** lately **13.** anniversary **14.** anxiety **15.** majority **16.** rescue **17.** measure **18.** imagine **19.** accurate **20.** wear

B **1.** ritual **2.** established **3.** willing **4.** aware **5.** influenced

C **1.** stupid **2.** was based on **3.** throughout

D **1.** She was surprised by the dinner her husband prepared.
2. The heights of the plants vary from 10 cm to 40 cm.
3. Drinking coffee improves memory.
4. They imagined themselves to be in the majority.

DAY 39 - DAY 40

accuse
[əkjúːz]

동 고소하다, 비난하다
Mike **accused** her of lying.
Mike는 그녀가 거짓말을 해서 비난했다.

advance
[ædvǽns]

명 진보, 발전
Advances in genetics have raised moral questions.
유전학의 진보는 윤리 문제를 일으켰다.

automatic
[ɔ́ːtəmǽtik]

형 자동의
My camera is **automatic**.
내 카메라는 자동이다.

break
[breik]

broke, broken 동 깨다
He **broke** a window to get into the house.
그는 집으로 들어가려고 창문을 깼다.

bury
[béri]

동 묻다
burial 명 매장
Jason **buried** his face in the pillow.
Jason은 얼굴을 베개에 묻었다.

classify
[klǽsəfài]

동 구분하다, 분류하다
This book will show how scientists **classify** animals.
이 책은 과학자들이 어떻게 동물들을 분류하는지 보여줄 것이다.

control
[kəntróul]

동 통제하다
The police **controlled** the crowd.
경찰들이 군중을 통제했다.

crime
[kraim]

명 범죄
criminal 명 범죄자
He was punished for a **crime** that he committed.
그는 자기가 저지른 범죄로 벌을 받았다.

deep
[diːp]

형 **깊은**

He was swimming in **deep** water.
그는 깊은 물에서 수영을 하고 있었다.

diagnose
[dáiəgnòus]

동 **진단하다**

diagnosis 명 진단

The doctor was unable to **diagnose** the skin condition.
의사는 그 피부 문제를 진단할 수 없었다.

difference
[dífərəns]

명 **차이**

different 형 다른

The major **difference** between the groups is age.
두 그룹 간의 주요한 차이는 나이이다.

disorder
[disɔ́ːrdər]

명 **질환**

He was suffering from a rare genetic **disorder**.
그는 희귀한 유전 질환을 앓고 있었다.

evidence
[évədəns]

명 **증거**

evident 형 명백한

Evidence shows that global warming is occurring.
증거에 의하면 지구 온난화가 발생하고 있었다.

fundamental
[fʌ̀ndəméntl]

형 **근본적인**

This is a **fundamental** flaw in his argument.
이것의 그의 주장에서의 근본적인 결점이다.

generally
[dʒénərəli]

부 **일반적으로, 대체로**

general 형 일반적인

It was **generally** a positive conversation.
그것은 대체로 긍정적인 대화였다.

genetics
[dʒənétiks]

명 **유전학**

genetic 형 유전의

Promising advances have been made in the area of human **genetics**.
인간 유전학 분야에서 전도유망한 진보가 있었다.

imitate
[ímətèit]

동 **흉내 내다, 모방하다**

imitation 명 모방

He's very good at **imitating** his teacher's voice.
그는 그의 선생님 목소리를 아주 잘 흉내 낸다.

lie
[lai]

lay, lain 동 **눕다**

He was **lying** in the sun very long.
그는 햇빛 아래 매우 오래 누워있었다.

혼동어휘 **lie**와 **lay** '거짓말 하다'라는 의미의 **lie**는 철자가 같으며 규칙 변화를 한다. (–lied, –lied) 또 '눕히다', '알을 낳다'라는 의미의 **lay**라는 단어는 다음과 같이 동사변화를 한다. (–laid, –laid)

likelihood
[láiklihùd]

명 **가능성**

There is very little **likelihood** of her getting the job.
그녀가 그 일자리를 얻을 가능성은 거의 없다.

limit
[límit]

동 **제한하다**

limited 형 한정된

We need to **limit** our spending.
우리는 지출을 제한해야 한다.

mammal
[mǽməl]

명 **포유류**

Human beings, dogs, and cats are all **mammals**.
인간, 개, 그리고 고양이는 모두 포유류이다.

method
[méθəd]

명 **방법**

We should try again using a different **method**.
우리는 다른 방법을 사용해서 다시 시도해봐야 한다.

objective
[əbdʒéktiv]

형 **객관적인**

objectively 부 객관적으로

Scientists need to be **objective** when doing research.
과학자들은 연구를 할 때 객관적일 필요가 있다.

perfectly
[pə́:rfiktli]

부 **완벽하게, 전적으로**

perfect 형 완벽한

It's **perfectly** normal to be nervous before a test.
시험 전에 긴장하는 것은 전적으로 정상이다.

perhaps
[pərhǽps]

부 **아마도**

Perhaps it will rain tomorrow.
아마 내일 비가 올 것이다.

promising
[prámisiŋ]

형 **전도유망한**

He is a highly **promising** young artist.
그는 매우 전도유망한 젊은 화가이다.

prosecute
[prásikjù:t]

동 **기소하다**

DNA has been used as evidence to **prosecute** criminals.
DNA는 범죄자들을 기소하기 위한 증거로서 사용되어져왔다.

rare
[rεər]

형 **희귀한**

It's **rare** for him to lose his temper.
그가 평정심을 잃은 것은 드문 일이다.

replace
[ripléis]

동 **교체하다**

replacement 명 교체

Two of the tires were **replaced**.
타이어 두 개가 교체되었다.

rise
[raiz]

rose, risen 동 **상승하다**

Sales **rose** by 40% this year.
올해 매출이 40%까지 올랐다.

scene
[si:n]

명 **장면, 현장**

The police soon arrived at the **scene** of the crime.
경찰들이 범죄현장에 곧 도착했다.

surface
[sə́:rfis]

명 **표면**

Fallen leaves floated on the **surface** of the water.
낙엽들이 물 위에 떠다니고 있었다.

temperature
[témpərəʧər]

명 온도

Water boils at a **temperature** of 100°C.
물은 100°C에 끓는다.

unlike
[ʌnláik]

전 ~와는 다른

It's **unlike** Neil to be late.
Neil이 늦다니 그답지 않다.

untrained
[ʌntréind]

형 훈련되어 있지 않은

To the **untrained** eye, the two trees look very similar.
훈련되어 있지 않은 눈에는 그 두 나무는 매우 유사해 보인다.

warm
[wɔːrm]

동 따뜻해지다

Air rises when it **warms**.
공기는 따뜻해지면 올라간다.

worry
[wə́ːri]

동 걱정하다

Don't make your parents **worry**.
부모님이 걱정하시게 만들지 마라.

be likely to ~일 것 같다

That glass **is likely to** fall.
저 유리는 떨어질 것 같다.

from time to time 이따금

From time to time, I like to go fishing instead of going to work.
나는 이따금 일하러 가는 것보다 낚시하러 가는 것을 좋아한다.

go through 겪다

You can't believe what I've **gone through**.
내가 어떤 일을 겪었는지 넌 믿지 못할 거야.

문맥으로 EXERCISE

• 끊어 읽기 표시에 맞춰 직독직해 연습을 하시오.

1 **Fundamental differences** may exist between men and women.
남자와 여자 사이에 근본적인 차이점들이 존재할지도 모른다

/ **Perhaps** as a child you remember going to your mother / when you **broke**
/아마도 어릴 때 당신은 엄마에게 갔던 것을 기억할 것이다 / 당신이 야구공으로 차고

that garage window with a baseball. / You went to your mother / instead of
의 창문을 깨뜨렸을 때 / 당신은 엄마에게 갔다 / 당신의 아빠에

your father, / because mom would **be** less **likely to** be upset. / A study at
게 가는 대신 / 엄마가 덜 화를 낼 것 같았기에 / 오하이오 주립

Ohio State University found / that women's blood pressure **rises** less than
대학의 한 연구는 밝혀냈다 / 여자의 혈압이 남자보다 덜 오르는 것을

men's / in response to an **objective** stressor. / Other research, however,
/ 객관적인 스트레스 요인에 대한 반응으로 / 하지만 다른 연구는 시사한다

suggests that, / as a whole, women may feel more stress than men. / Ronald
/ 대체로 여자가 남자보다 스트레스를 많이 느낄지도 모른다는 것을 / Ronald

Kessler did a Harvard study / and found that women feel stress more often /
Kessler는 하버드 대학에서 연구를 했다 / 그리고 여자가 스트레스를 더 자주 느낀다는 것을 밝혀냈다 /

because they **generally** take a more far-reaching view of life. / For example,
그들은 보통 인생에 관해 보다 멀리까지 미치는 견해를 취하기 때문에 / 예를 들어, 여자들은

women may **worry** about many things at a time, / while many men can
한꺼번에 많은 것들을 걱정할지도 모른다 / 반면에 많은 남자들은 그들의

classify their worries, / dealing with only one problem or stressor / before
걱정거리들을 구분지을 수 있다 / 오직 하나의 문제나 스트레스 요인만을 처리하며 / 다음 걱정

moving on to the next one.
으로 넘어가기 전에

2 A turtle doesn't have **automatic** body **temperature control** / like birds and
거북은 체온을 자동으로 조절하는 능력이 없다 / 조류와 포유류처럼
mammals. / Its temperature changes according to its environment. / When
/ 거북의 체온은 주위 환경에 따라 변한다 / 날씨가
it gets too cold / it digs a hole **deep** into the mud at the bottom of a pond /
너무 추워지면 / 거북은 연못 바닥의 진흙 속 깊이 구멍을 판다 /
or into the dirt of the forest. / How can it breathe when it's **buried**? / The
또는 숲의 흙 속으로 / 흙 속에 묻히면 거북은 어떻게 숨을 쉴 수 있을까? / 거북
turtle stops breathing air through its nose and mouth. / Instead it takes in /
은 코와 입으로 숨 쉬는 것을 멈춘다 / 대신 거북은 공기를 받아들
air through its skin and an opening under its tail. / And when spring comes
인다 / 피부와 꼬리 아래에 있는 구멍을 통해 / 그리고 봄이 와서 땅이 따뜻해지면
and the ground **warms** up, / the turtle digs itself out / and starts breathing
/ 거북은 땅을 파헤치고 나온다 / 그리고 다시 정상적으로 숨을
normally again.
쉬기 시작한다

3 Dolphins love to **imitate**. / Often an **untrained** dolphin in an aquarium /
돌고래는 흉내 내기를 좋아한다 / 종종 훈련받지 않은 돌고래가 수족관에서 /
watches another dolphin **go through** its act / and then does the act **perfectly**
다른 돌고래가 연기하는 것을 지켜본다 / 그리고는 그 연기를 훈련받지도 않고 완벽
without training. / But dolphins don't **limit** themselves / to **imitating** each
하게 해낸다 / 하지만 돌고래들은 자신들을 제한하지 않는다 / 서로를 흉내 내는 것에
other. / For example, Anika, an Indian Ocean bottlenose dolphin, / started
/ 예를 들어, 인도양 큰돌고래인 Anika는 / Tommy를
to **imitate** Tommy, / a fur seal in the same tank. / **Unlike** a dolphin, / she
흉내 내기 시작했다 / 같은 수조 안에 있는 물개인 / 돌고래답지 않게 /
lay on her side, / imitating Tommy's sleeping position. / As Tommy did, /
Anika는 옆으로 누웠다 / Tommy의 잠자는 자세를 흉내 내면서 / Tommy가 그렇게 하자 /
she also **lay** belly-up / on the **surface** of the water. / This put her blowhole
Anika도 배를 위로 향하고 누었다 / 물 위에 / 이로 인해 숨구멍이 물에 잠겼다
underwater, / so **from time to time** / she had to turn over to breathe.
/ 그래서 가끔씩 / Anika는 숨을 쉬기 위해 몸을 뒤집었다

4 **Promising advances** have been made / in the area of human **genetics**. / In
전도유망한 진보가 이뤄져왔다 / 인간 유전학 분야에서 /

the 1980s, scientists developed / **methods** to compare the DNA sequence of
1980년대에, 과학자들이 개발했다 / 다른 개인들의 DNA 순서를 비교하는 방법을

different individuals. / DNA left behind at the **scene** of a **crime** / has been
/ 범죄 현장에 남겨진 DNA는 / 법정에서 증

used as **evidence** in court, / both to **prosecute criminals** and to set free
거로서 사용되어왔다 / 범인들을 기소하기 위해서 그리고 잘못 고소된 사람들을 풀어주기

people who have been wrongly **accused**. / DNA sequencing techniques are
위해서 / DNA 배열기법은 의학 분야에서도 유용하다

also useful in the field of medicine. / Studying families with **rare genetic**
/ 희귀한 유전 질환을 가진 가족 연구를 통해

disorders / has allowed doctors to trace the genetic basis of disease /
/ 의사들은 질병의 유전적 근원을 추적할 수 있었다 /

through generations. / This kind of genetic tracking / helps doctors to predict
세대를 걸쳐 / 이런 유전 추적은 / 의사들이 어떤 사람이 어떤 질병

the **likelihood** of a person getting a disease and to **diagnose** it / —although
에 걸릴 가능성을 예측하는 것과 그것에 대한 진단을 내리는 것을 돕는다 / 그 병을 치료하도

not to cure the illness. / However, some **genetic** diseases can now be treated
록 하지는 않더라도 / 하지만, 몇몇의 유전 질환은 현재 치료될 수 있다

/ by **replacing** damaged genes with healthy ones, / a practice called gene
/ 손상된 유전자를 건강한 것으로 대체함으로써 / 이는 유전자 치료법이라 불린다

therapy.

Review Test DAY 39 - DAY 40

A 영어는 우리말로, 우리말은 영어로 쓰시오.

1. worry	____________	11. 희귀한	____________
2. perhaps	____________	12. 교체하다	____________
3. mammal	____________	13. 통제하다	____________
4. method	____________	14. 표면	____________
5. unlike	____________	15. 제한하다	____________
6. fundamental	____________	16. 온도	____________
7. likelihood	____________	17. 유전학	____________
8. difference	____________	18. 증거	____________
9. classify	____________	19. 범죄	____________
10. objective	____________	20. 묻다	____________

B 빈칸에 알맞은 말을 고르시오.

deep   warms   rose   lying   promising

1. Air rises when it ____________.
2. Sales ____________ by 40% this year.
3. He was swimming in ____________ water.
4. He is a highly ____________ young artist.
5. He was ____________ in the sun very long.

C 우리말과 일치하도록 빈칸에 맞는 말을 쓰시오.

1. 나는 이따금 일하러 가는 것보다 낚시하러 가는 것을 좋아한다.
   → (   ), I like to go fishing instead of going to work.

2. 저 유리는 떨어질 것 같다.
   → That glass (   ) fall.

3. 내가 어떤 일을 겪었는지 넌 믿지 못할 거야.
   → You can't believe what I've (   ).

D 다음 우리말에 맞도록 영작하시오.

1. 보통 남자들은 다음 문제로 넘어가기 전에 한 가지 문제만 처리한다.

2. 그것들은 묻혀 있을 때 어떻게 숨을 쉴 수 있을까?

3. 그가 옆으로 누웠다.

4. 그 의사는 손상된 유전자를 건강한 것으로 대체했다.

Review Test 정답

A **1.** 걱정하다 **2.** 아마도 **3.** 포유류 **4.** 방법 **5.** ~와는 다른 **6.** 근본적인 **7.** 가능성 **8.** 차이 **9.** 구분하다, 분류하다 **10.** 객관적인 **11.** rare **12.** replace **13.** control **14.** surface **15.** limit **16.** temperature **17.** genetics **18.** evidence **19.** crime **20.** bury

B **1.** warms **2.** rose **3.** deep **4.** promising **5.** lying

C **1.** From time to time **2.** is likely to **3.** gone through

D **1.** Usually men deal with only one problem before moving on to the next one.
2. How can they breathe when they are buried?
3. He lay on his side.
4. The doctor replaced damaged genes with healthy ones.

▸▸▸ Index

B

C

D

E

F

G

N

O

R

S

T

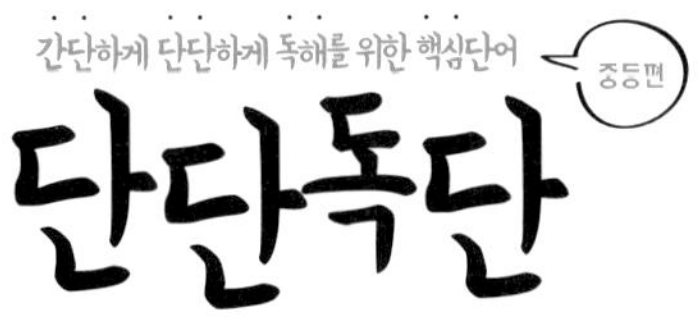

서사협의
인지생략

1판 1쇄 인쇄 2016년 10월 20일
1판 1쇄 발행 2016년 10월 25일

지 은 이 문국
발 행 인 이미옥
발 행 처 아이생각
정 가 10,000원
등 록 일 2003년 3월 10일
등록번호 220-90-18139
주 소 (04987)서울 광진구 능동로 32길 159
전화번호 (02)447-3157~8
팩스번호 (02)447-3159

ISBN 978-89-97466-28-3 (53740)
I-16-07

www.ithinkbook.co.kr